LA PRIVACIÓN LINGÜÍSTICA EN LA INFANCIA Y EN LA ADOLESCENCIA SORDAS Y SORDOCIEGAS

Serie: Lingüística y Filología, nº 96

MORALES LÓPEZ, Esperanza

La privación lingüística en la infancia y en la adolescencia sordas y sordociegas / Esperanza Morales López.- Valladolid: Universidad de Valladolid, 2024

    178 p. ; 24 cm (Lingüística y Filología ; 96)

    ISBN 978-84-1320-305-8

1. Competencia comunicativa (Lingüística). 2. Competencia y actuación (Lingüística). 3. Habla, Trastornos del. 4. Habla, Trastornos del, en el niño. 5. Niños con discapacidad auditiva. 6. Niños con discapacidad visual. 7. Niños sordociegos. 8. Niños sordos. 9. Sociolingüística. 10. Sordos. I. Morales López,
Esperanza, aut. II. Universidad de Valladolid, ed. III. Serie

159.922.76/.8-056.262/-056.263:616.89-008.434
616.89-008.434:159.922.76/.8-056.262/-056.263
81'27

ESPERANZA MORALES LÓPEZ

LA PRIVACIÓN LINGÜÍSTICA EN LA INFANCIA Y EN LA ADOLESCENCIA SORDAS Y SORDOCIEGAS

EDICIONES
Universidad de Valladolid

© ESPERANZA MORALES LÓPEZ. Valladolid, 2024

© EDICIONES UNIVERSIDAD DE VALLADOLID

Preimpresión: Ediciones Universidad de Valladolid

ISBN 978-84-1320-305-8

Diseño de cubierta: Ediciones Universidad de Valladolid

Motivo de cubierta: Foto del alfabeto dactilológico cedida por la *Federación de Asociacións de Persoas Xordas* de Galicia.

Dep. Legal: VA 464-2024

Imprime: ANGELMA. Artes Gráficas.

Índice

"Jesús lo apartó de la gente, le metió los dedos en las orejas y, con su saliva, le tocó la lengua; luego levantó los ojos al cielo, y lanzando un suspiro le dijo: «¡Efata!», es decir, «¡Ábrete!» Al instante se le abrieron los oídos y se le destrabó la lengua, de modo que comenzó a hablar bien" (Evangelio de San Marcos 7, 33).

"Joseph estaba deseando comunicarse, pero no podía. Privado del habla, la escritura y el lenguaje de señas, solo disponía de los gestos, de la mímica y de un talento muy notable para el dibujo. ¿Qué le ha pasado?, me preguntaba yo insistentemente…"

(Oliver Sacks, *Veo una voz*, 1989, p. 60).

"Para realizar el lenguaje, se debe haber aprendido una 'lengua' -por lo menos una-, que da la posibilidad de transmitir contenidos psíquicos de manera inteligible. La adquisición y la sistematización de los instrumentos lingüísticos en cada persona comienza desde la infancia, pero continúan durante toda la vida"

(Slama-Cazacu, 1970, p. 221).

INTRODUCCIÓN

Este libro ha sido escrito como trabajo académico, pero con una finalidad divulgativa porque se dirige a diferentes tipos de colectivos: a las familias con hijos sordos y sordociegos, a la comunidad sorda, a los profesionales de educación, de logopedia, y de interpretación y mediación, y a los estudiantes de estas disciplinas. Queremos que conozcan en qué consiste la *privación lingüística*, sus causas y consecuencias tan graves.

Como objetivo más concreto, en los diferentes capítulos mostraremos desde las perspectivas lingüística, psicolingüística y neurolingüística por qué el conocido ya como síndrome de la privación lingüística es, en el presente, uno de los problemas más graves de salud mental de la infancia y adolescencia sordas, y sordociegas, por las consecuencias negativas que provoca la ausencia de una lengua natural adquirida desde el nacimiento. También puede sufrir privación lingüística la infancia con alguna patología del lenguaje que le impide desarrollar la lengua oral de forma natural; y, a pesar de ello, no se le ofrece la oportunidad de *input* nativo en la lengua de signos.

Es un trabajo que ha surgido de la investigación etnográfica realizada desde 2018 a partir de entrevistas a numerosas familias con hijos sordos en distintas comunidades autónomas, aunque los datos proceden principalmente de dos: de Cataluña y Galicia. Asimismo, hemos participado con estas familias en múltiples reuniones con grupos políticos y representantes institucionales de educación; también con algunos directivos del ámbito sanitario. A lo largo de los diferentes capítulos, se incluyen fragmentos de todo este material empírico diverso, analizado e interpretado según el estándar académico; es decir, como un diálogo argumentativo y contraargumentativo entre estas opiniones, a veces opuestas y polarizadas, y la propuesta teórica de las publicaciones más recientes sobre este tema. Con todo, para preservar la lectura divulgativa de la obra, en el texto se incluyen solamente las referencias bibliográficas más básicas; otras aparecen en el apartado de notas con el fin de ofrecer pautas concretas a los lectores que deseen profundizar en algunos aspectos. En el apartado de referencias aparecen todas ellas.

Se incluyen también dos capítulos dedicados a la sordoceguera, que consideramos muy cercana a la sordera; el punto que les une es el uso de la lengua de signos, en el primer caso la lengua de signos apoyada. Nos ha interesado, por un lado, cómo se realiza esta comunicación simultáneamente de forma gestual y táctil, y sus diferencias respecto a la comunicación puramente gestual a través de la lengua de signos; también cómo está extendida la utilización de otros sistemas restringidos de comunicación que consideramos pueden contribuir aún más al aumento de los casos de privación lingüística. Por otro lado, en uno de los capítulos finales mostraremos un primer acercamiento a la educación del alumnado sordociego, a partir de entrevistas a diversas personas conocedoras del tema.

Añadimos al final del libro un glosario con la definición de algunos de los términos utilizados y no definidos en los capítulos, con el fin de guiar a los lectores que no están familiarizados con la terminología de las disciplinas lingüísticas.

Creemos que el resultado de este trabajo puede interpretarse también como la radiografía de aproximadamente las dos últimas décadas en la vida y en la educación de estos colectivos en España; un periodo en el que de forma acrítica se ha extendido el optimismo en la cirugía de los implantes, como soluciones biotecnológicas capaces de resolver el problema de la falta de audición. El resultado ha sido prescindir casi de forma generalizada de la lengua de signos, escolarizando a estos niños y jóvenes en centros educativos ordinarios con una metodología exclusivamente oralista; en algunos de estos centros se utiliza la lengua de signos, pero como método de apoyo (de accesibilidad) para la adquisición de la lengua oral. Con ello, se ignora el hecho de que mucha de esta infancia no será capaz de adquirir la lengua oral como lengua primera (L1). Serán así individuos semilingües tras un *input* lingüístico empobrecido, recibido en la etapa de rehabilitación del implante coclear y con las consecuencias personales añadidas por haber sufrido aislamiento comunicativo durante varios años de su vida.

El modelo bilingüe que se empezó a implementar en las comunidades de Cataluña y de Madrid a finales del siglo XX solamente ha conseguido desarrollarse plenamente en la segunda; en la primera es casi un modelo testimonial. Más tarde, se extendió a la Comunidad de Murcia, aunque tampoco ha alcanzado a todo el alumnado, como veremos más adelante.

La constatación de los numerosos casos de privación que continuamente estamos descubriendo desde el inicio de nuestra investigación es la prueba empírica de la hipótesis teórica que todo lingüista y psicolingüista comparte: solamente es posible la adquisición de una lengua primera si el individuo recibe un *input* rico en interacciones espontáneas y sin ningún tipo de interferencias físicas.

Finalmente, este libro pretende ofrecer una propuesta con una *visión integral* para reconducir la situación ante los casos de privación lingüística mencionados. Para ello, es necesaria la consideración de esta discapacidad sensorial como una discapacidad diferenciada del resto, en donde se reconozca plenamente -respetando así el enfoque de derechos que se defiende desde la ONU- que el individuo sordo puede acceder a un desarrollo psicosocial y cognitivo plenos a través del bilingüismo intermodal (lengua de signos y lengua oral), en el que se integre la rehabilitación tras las prótesis auditivas recomendadas en cada caso. En el caso del individuo sordociego, este desarrollo puede llegar a ser también pleno si se le ofrece la comunicación nativa a través de la lengua de signos apoyada. Asimismo, para el individuo con alguna patología del lenguaje (con otra discapacidad asociada o sin ella) defendemos su derecho a poder optar a la adquisición de la lengua de signos, en un nivel nativo también como en los dos casos anteriores desde el momento en el que se constate la imposibilidad del desarrollo natural de la lengua oral.

Para toda esta infancia el tiempo corre en su contra si el sistema educativo no le ofrece la posibilidad de adquirir una lengua natural en la etapa infantil. Desde nuestra propuesta, la inclusión educativa oralista tiene que ser considerada una solución del pasado porque conduce al incremento de la privación lingüística de estos colectivos. Ya lo constató así Oliver Sacks (1989) en sus visitas a los colegios donde había alumnado sordo. La privación atenta contra su derecho vital al desarrollo integral como persona por medio de una lengua natural.

Por último, recordamos a toda la gente que nos ha ayudado en estos años de trabajo. En primer lugar, a las compañeras de BilinSig, con quienes hemos compartido muchas reuniones para la discusión de estos temas; en especial agradecemos el tiempo que han dedicado las investigadoras Maruxa Cabeza (Universidad de Vigo) y Carolina Plaza Pust (Universidad de Frankfurt) a la lectura tan cuidadosa del primer borrador. Asimismo, una mención especial a todas las familias con hijos sordos, a quienes hemos acompañado en estos años en su problemática y nos han ofrecido la oportunidad de realizar esta investigación empírica con ellas; en particular la colaboración ha sido muy estrecha con las asociaciones *Volem signar i escoltar, Anpanxoga* y el *esplai Guspires*. En la metodología etnográfica, la riqueza de los datos es fundamental para poder establecer un diálogo fructífero con las distintas teorías y obtener una imagen compleja del problema que se analiza.

Capítulo 1

¿Qué es la privación lingüística?

Es el síndrome que designa las consecuencias psicosociales negativas del aislamiento y la falta de comunicación de un individuo porque no ha estado expuesto al desarrollo natural de una lengua primera (o L1) antes del fin del periodo crítico.

El periodo crítico es la etapa de tiempo que resulta crítica o sensible para el desarrollo nativo de una lengua (Lenneberg 1967, 206). Hasta ahora se creía que abarcaba desde el nacimiento hasta la adolescencia, pero los estudios neuronales actuales consideran que la edad para el fin de este periodo es el entorno de los ocho años; otros autores consideran que es incluso antes, alrededor de los 5 años. A partir de esta edad se puede adquirir una lengua, pero ya no siempre como un hablante nativo.[1]

El primer conocimiento que tenemos de este fenómeno es por las personas que sufrieron situaciones dramáticas de comunicación y de socialización, como los denominados "niños salvajes". Vivieron su infancia perdidos o solitarios, y, tras ser descubiertos, ya no se tiene constancia de que fueran capaces de desarrollar una lengua de manera completa.[2] Fuera de estas situaciones extraordinarias, en España y en otros países occidentales, la privación lingüística está apareciendo en niños y jóvenes sordos, en sordociegos y en individuos con problemas de producción lingüística; en este último caso, son oyentes que pueden oír, pero no producir el habla oral por razones neuronales diversas.

La privación lingüística se da en los tres supuestos porque no se les proporciona, en los primeros años de vida, la posibilidad de adquirir la lengua de

---

[1] Al respecto, puede consultarse también Sánchez Amat et al. (2020), y Morales López (2022).
[2] Cheng et al. (2018, 141).

signos o la lengua de signos apoyada (para las personas sordociegas), las únicas que pueden desarrollar de manera natural. Y, en el caso de estos individuos sordos y sordociegos, tampoco se han podido beneficiar de las prótesis auditivas o implantes para la recuperación de la lengua oral a pesar de llevarlas, con lo cual esta lengua no consigue un nivel nativo. Son así individuos semilingües, no han adquirido una lengua de forma completa. Nadie puede ser una persona plena, en términos psicosociales y cognitivos, si no se comunica desde los 0 años.[3]

En la bibliografía científica a veces se usa el término de "privación auditiva" como sinónimo de sordera. La privación auditiva es natural, provocada por algún fenómeno externo: malformación genética, infecciones, problema en el embarazo, causas farmacológicas, ambientales, estrés traumático, etc.[4] En cambio, según se acaba de explicar, la privación lingüística tiene como causa la acción humana que permite el aislamiento comunicativo del individuo sordo y/o sordociego. Como precisan Hall et al. (2019), es algo muy poco frecuente en el individuo oyente, pero al que desgraciadamente nos estamos acostumbrando en el ámbito de la sordera; no está despertando la alarma que sería esperada. Más adelante, ofreceremos más detalles de lo que acabamos de denominar en términos genéricos como "acción humana".

Los primeros casos de privación lingüística que pudimos documentar fueron en el curso 2018-2019, en la observación en un *esplai* (una actividad lúdica) en Barcelona, a la que asistían regularmente niños con discapacidad auditiva; alguno de ellos también con sordoceguera, pero con restos visuales. Ya desde el principio de esta observación, en el mes de noviembre, nos llamó la atención la presencia de dos niños sordos de 7 años y medio sin ninguna habilidad lingüística, ni en lengua oral ni en lengua de signos. También, en unas sesiones posteriores, participó otro niño de 6 años con un impedimento para desarrollar el habla, aunque podía oír. La familia explicó que se desesperaba al no poder hablar y les preguntaba por medio de gestos si no había otros niños como él. En este último caso, los profesionales responsables del tratamiento de su discapacidad le habían ofrecido a la familia, como única opción, la comunicación por medio de un sistema alternativo de signos (a través de un programa informático con una Tablet), pero no la lengua de signos. En ninguno de estos tres casos, estos profesionales habían optado por su escolarización en un centro bilingüe. Sin embargo, ante la falta de resultados de los implantes en los dos primeros niños, las familias se habían decidido finalmente por la lengua de signos y confiaban en que serían ya autorizadas para su escolarización en un programa bilingüe.

De estos tres niños, solamente los dos primeros continuaron asistiendo regularmente al *esplai*. Tras dos meses de observación, uno de ellos empezó a

---

[3] Vygotsky (1934); más información en Plaza Pust (2016), Morales López (2019), Wilkinson y Morford (2020), entre otros.

[4] Puede consultarse también Freijeiro Ocampo (2019, 95ss.).

reaccionar ante el *input* que recibía en lengua de signos (su seudónimo es Alex); el otro niño (Javier, también seudónimo) no logró realizar ningún signo en todo el periodo de observación (de noviembre a junio); tampoco se comunicaba con lengua oral, a pesar de que hacía un año que había sido implantado.[5]

Alex no tenía una producción articulatoria fluida en lengua oral; no la había adquirido tras la educación oralista recibida en un centro ordinario cercano a su domicilio. En el *esplai*, al principio jugaba siempre solo y no podía mantener la mirada con los monitores cuando se dirigían a él en lengua de signos. El cambio se produjo cuando consiguió fijar la mirada ante su presencia y darse cuenta de que se comunicaban con él. Poco a poco, empezó a imitar lo que hacían otros niños sordos signantes y a producir a su manera los signos léxicos de los objetos relacionados con el juego. A lo largo del mes de mayo, se dio otro cambio importante cuando el grupo de niños signantes de su edad advirtió este avance y lo empezaron a aceptar como parte del grupo: era ya un signante como ellos, aunque a veces lo que producía no era del todo adecuado. Gracias a este hecho, acabó el curso contento y más integrado. Su familia lo advirtió enseguida porque, decían, se desvivía por asistir al *esplai*.

Más adelante analizaremos con detalle las causas contextuales de por qué se ha llegado a esta situación, pero por el momento nos parece que este último caso ilustra bien en qué consiste la privación lingüística, y cuál es la decisión médica y la educativa que están provocando esta privación. Alex recibió un implante coclear y, con el fin de centrar todo el esfuerzo de rehabilitación en el desarrollo de la lengua oral, la opción educativa asignada fue exclusivamente la modalidad oral, como se ha anticipado. A la edad de casi ocho años, no había desarrollado la lengua oral, mínimamente unas palabras, por ello la familia había decidido iniciar el proceso para adquirir la lengua de signos y solicitar para el curso siguiente el traslado educativo a un centro bilingüe.[6]

El problema es que la edad de este niño coincide, *grosso modo*, con el límite a partir del cual los investigadores sitúan el fin del periodo crítico. Si no se produce en este momento una inmersión rápida en un "entorno signante" con interlocutores nativos, es probable que, en casos como estos, estemos ya ante algún grado de privación lingüística; puede ser de tipo moderado, pero también es posible que sea ya una privación severa, como indica el psicólogo-psiquiatra americano Neil Glickman.

Este investigador, después de realizar sus estudios de psicología, se especializó en la población sorda tras completar también estudios posteriores sobre comunidad sorda en la Universidad Gallaudet. Durante años dirigió una unidad de

---

[5] Los nombres de las personas que citaremos son siempre seudónimos y utilizaremos además el género masculino para preservar mejor su identidad. Por ello tampoco ofrecemos otro tipo de datos personales.

[6] En la década de los noventa, Bellés i Guitard ya advirtió del problema de la privación en dos publicaciones (1993 y 1996). Sin embargo, este aviso no tuvo repercusión para producir un cambio en el modelo educativo catalán.

hospitalización psiquiátrica especializada en pacientes sordos. Actualmente es profesor de Psiquiatría en la Universidad *Massachusetts Medical School* en Worcester, Massachusetts.[7]

Por su conocimiento de la comunidad sorda, se ha planteado por qué esta privación es cada vez es más frecuente en este colectivo. Su respuesta es que hay muchas personas sordas que no acceden a la adquisición de una lengua natural, porque han sido aisladas de la comunidad sorda debido a la inclusión educativa y a que los implantes no han resultado óptimos para la adquisición completa de la lengua oral. Como consecuencia de este aislamiento más o menos prolongado, este investigador señala la existencia de diversos grados de privación, en un continuo que va desde la privación severa a la menos severa; este segundo caso, el más frecuente.[8]

Desde el punto de vista lingüístico, esta situación de aislamiento produce individuos semilingües porque no han adquirido plenamente ninguna lengua como lengua primera (o L1). En cualquier individuo, esta lengua primera es la que se adquiere espontáneamente en la infancia (desde los 0 años) sin ningún tipo de esfuerzo ni aprendizaje consciente, a partir del *input* recibido en el entorno comunicativo con las personas que le rodean; suele coincidir con la lengua materna, la lengua de la familia. Por ello decimos que la lengua primera es la lengua "natural" de un individuo. Para las personas sordas y sordociegas, la lengua oral de la familia no es su L1, porque no es natural ni espontánea en ellos, sino siempre su lengua segunda (o L2). Dependiendo del grado de recuperación de la audición, podrán llegar a adquirir una competencia mayor o menor en la lengua oral, pero el resultado podríamos considerarlo algo similar a la L2 de los hablantes bilingües o multilingües en lenguas orales; comúnmente, una de ellas suele ser su L1 y las otras son L2 en diversos grados. En pocos casos se da una situación de bilingüismo equilibrado; mucho menos de multilingüismo equilibrado.[9]

La diferencia entre los individuos oyentes y los sordos escolarizados en la filosofía oralista (comúnmente denominados "sordos oralistas" u "oralizados") es que en los primeros es raro que se den casos de semilingüismo en la primera lengua. En los individuos sordos es frecuente este semilingüismo porque, como se ha indicado al citar a Glickman, muchos de ellos han sufrido aislamiento comunicativo en los primeros años de su infancia. En el colectivo sordociego, también se produce algún tipo de aislamiento por el hecho de que muchos de ellos no acceden a la adquisición natural de la lengua de signos apoyada desde la infancia, sino en una etapa más tardía cuando progresivamente van perdiendo visión; e incluso algunos de

---

[7] https://www.neilglickman.com/
[8] Véase Glickman et al. (2020).
[9] Remitimos a la entrada de bilingüismo en el glosario.

ellos solo adquieren un código gestual restringido, no una lengua de signos completa, como se detallará en el capítulo 3.[10]

Nos encontramos, por tanto, ante el hecho de que la privación lingüística es una doble discapacidad en el individuo sordo y el sordociego. La primera discapacidad es natural, pero la segunda ha sido provocada por los responsables correspondientes del sistema médico y de la administración educativa. En su lugar, en los informes médicos y educativos se alude a estos individuos sordos y sordociegos como sujetos con "discapacidad asociada a la sordera", tales como autismo, retraso mental, TDH, psicosis y similares. Sin embargo, Glickman (2013, 42ss.) afirma que en la mayoría de los casos es privación lingüística. Los síntomas suelen coincidir, pero, por su experiencia en la unidad psiquiátrica que dirigía, la diferencia más evidente es que la mayoría de sus pacientes no tienen fluidez en lengua de signos.[11]

Lo que se observa en estos pacientes sin una lengua de signos adquirida, continúa Glickman (2013, 42-50), es que tienen problemas emocionales y psicológicos provocados por la falta de una lengua completa; tampoco han podido desarrollar la oral de su entorno familiar; un fenómeno que, en 1964, el psiquiatra noruego Terje Basilier lo denominaba "sordofrenia" (*Surdophrenia*), por la coincidencia en los síntomas con la esquizofrenia. Los problemas no solo se encuentran en la infancia, sino a lo largo de toda su vida. Han fallado en todo, en su infancia, en la escuela, en el trabajo, en casa, en el desarrollo de una vida independiente; y son hechos que dificultan su tratamiento posterior. En 2009, Glickman lo definió como "privación lingüística con deficiencias en los ajustes conductuales, sociales y emocionales".[12] Son personas que no han adquirido la lengua de signos porque no han estado expuestas a ello; pero tampoco tienen un retraso mental, esquizofrenia o cualquier otro desorden psicótico. Si no hay un tratamiento lingüístico y terapéutico adecuados, la solución de la medicación puede causarles graves problemas añadidos de sedación y de salud. La conclusión es que la mayoría de estos pacientes sufren más de privación lingüística que de otros problemas mentales distintos.

En las publicaciones de este investigador, se observa un gran conocimiento del tema de la privación, así como de su proceso terapéutico (iremos profundizando en otros aspectos de su trabajo más adelante). Con todo, también echamos en falta un cierto planteamiento crítico de por qué desde la sanidad y la educación se ha permitido llegar hasta aquí, cuando estamos ante un caso de vulneración del derecho de las personas sordas y sordociegas a ser personas plenas, en igualdad con las personas oyentes, tal como recoge la Convención de la ONU sobre los derechos de

---

[10] Álvarez Reyes et al. (2004).

[11] Véase también Glickman (2007).

[12] Definición incluida también en Glickman (2013).

las personas con discapacidad (2015): "… la discriminación contra cualquier persona por razón de su discapacidad constituye una vulneración de la dignidad y el valor inherentes del ser humano" (preámbulo h). A lo largo de este libro abordaremos este trato discriminatorio.

Capítulo 2

¿Por qué es tan importante la adquisición de la lengua primera desde la infancia? Las funciones del lenguaje

Un hecho fundamental desde las perspectivas lingüística y psicolingüística es la consideración de la importancia del desarrollo de una lengua natural desde los primeros meses de vida en un niño sordo o sordociego en igualdad con los niños oyentes. Asimismo, desde la década de los sesenta las investigaciones han demostrado que es un error confundir el concepto de lengua oral con el de facultad del lenguaje. Para clarificar estos aspectos, este capítulo se dedicará a la explicación de estas nociones que son fundamentales ya desde la década mencionada.

2.1. Lenguaje, lengua y habla

Desde las disciplinas lingüísticas, cuando se alude al término de "lenguaje" se considera sinónimo de la "facultad del lenguaje"; una de las capacidades cognitivas más básicas de la mente humana, la cual permite el desarrollo de una lengua en los individuos desde su primera infancia, a partir del *input* lingüístico recibido en la interacción comunicativa con los miembros de su familia o entorno social; una interacción que luego se va ampliando con otros miembros del grupo social de cada uno.

Desde la neurolingüística, la disciplina que estudia la facultad del lenguaje en relación con el cerebro (el órgano físico que permite el desarrollo de las capacidades cognitivas), se admite que un aspecto fundamental para el desarrollo de la facultad del lenguaje es su lateralización en el hemisferio izquierdo; es decir, su especialización en esta parte del cerebro (Yule 2006). Al principio, se decía que en esta parte se situaba la activación de esta facultad; sin embargo, esta hipótesis localista ha dado paso a una visión más compleja en la que se admite que esta facultad emerge de la interconexión de procesos y de partes distintas del cerebro. Los indicios procedentes de los errores o lapsus de la lengua y los lapsus del oído, y de las distintas afasias en pacientes que las han sufrido, así lo prueban; igualmente, las técnicas más modernas de neuro-imagen del cerebro en sujetos sanos corroboran una perspectiva más compleja de este localismo tradicional. En esta nueva etapa de la neurolingüística, sin obviar el papel fundamental del hemisferio izquierdo para el procesamiento de los procesos más centrales de una lengua (es decir, la gramática, en un sentido amplio), se advierte también la involucración, entre otros, del hemisferio derecho para funciones más globales (los aspectos discursivos y pragmáticos) del procesamiento de una lengua.

La función prioritaria otorgada al hemisferio izquierdo se conoce, tal como se acaba de afirmar, como lateralización de la facultad del lenguaje, un proceso que comienza desde el nacimiento y se completa al finalizar el periodo crítico, alrededor de los 5-8 años de edad. Si el proceso de adquisición de una lengua ha sido el esperado, a esta edad un niño ya domina las estructuras principales de la gramática de su lengua primera y se percibe que es un usuario nativo; asimismo ha adquirido las funciones comunicativas básicas, aunque necesitará aún desarrollar otras más complejas, tal como se explicará más adelante. Por tanto, el fin del periodo crítico tiene que coincidir con el de la adquisición de la L1 en cualquier individuo humano, si no queremos que aparezcan los trastornos asociados a la privación lingüística.

El segundo término importante en este proceso es el de "lengua"; se refiere al producto de la facultad del lenguaje: el sistema lingüístico en sí mismo, con su organización interna y reglas gramaticales, que emerge en un individuo como primera lengua tras el *input* recibido desde los primeros meses de la vida cuando se desarrolla el balbuceo vocal o gestual; este es el inicio de los primeros sonidos o gestos, aún sin significado, que tanto los niños oyentes como sordos y sordociegos pueden desarrollar de forma natural. Tras ello, en el primer año de vida empieza el desarrollo del léxico que también será de tipo oral o gestual según sea la lengua que se adquiere; en los años siguientes se desarrollan poco a poco la gramática y el resto de expresiones formales más complejas.

Las investigaciones psicolingüísticas relativas a la adquisición de las lenguas de signos en niños sordos y codas (hijos oyentes de familias sordas signantes) han mostrado que las etapas de desarrollo de la lengua oral y de la lengua de signos son bastante paralelas en estos niños respecto a los oyentes. Ello es una de las pruebas más evidentes de que la facultad del lenguaje es única para todos los individuos humanos, independientemente de la modalidad formal (sonidos orales o vocales, o gestos); y luego, según el *input* recibido, el producto de esta facultad será bien una lengua oral bien una lengua de signos (o señas, como término sinónimo).[13] Desde la perspectiva lingüística, la lengua de signos apoyada puede considerarse una variante de la lengua de signos. En estos tres supuestos, son lenguas completas si se adquieren de forma natural en el seno de un grupo social, la comunidad oyente, sorda o sordociega. Sus usuarios serán nativos de esas lenguas si su competencia comunicativa se ha desarrollado plenamente desde los primeros años de la vida. Un caso aparte, que explicaremos después, es el de los códigos restringidos de comunicación como el bimodal, la lengua oral signada, soporte signado, etc.; no son lenguas completas.

Los individuos pueden adquirir una única lengua desde el nacimiento (usuarios monolingües) o bien más de una lengua (bilingües o plurilingües). En los monolingües, la lengua que se adquiere en la infancia se denomina lengua materna y suele ser también la lengua primera (L1), la dominante a lo largo de su vida. Sin embargo, hay individuos cuya lengua materna no coincide con su lengua primera, lo cual quiere decir que la adquirida en la infancia no se desarrolla plenamente en la diversidad de las estructuras lingüísticas y en el uso en diferentes contextos para llegar a ser la lengua dominante o la lengua base en su edad adulta. Este hecho se suele dar, por ejemplo, en las situaciones multilingües de emigración, en las cuales la lengua o lenguas de la escolarización llegan a veces a ser dominantes respecto a las lenguas del ámbito familiar; estas se usan de forma más restringida en el contexto sociocultural en el que vive la familia, por lo que la lengua materna puede pasar a la condición de lengua segunda (L2); es decir pierde su carácter de lengua dominante.

Otro caso en el que no coincide la lengua materna con la lengua primera es el de los individuos sordos y sordociegos hijos de familias oyentes. La lengua de signos tiende a ser la primera en ellos, porque es la que pueden adquirir de forma natural. En la mayoría de estos individuos, la lengua oral no pasa del nivel de lengua segunda puesto que solamente la pueden aprender tras un proceso intenso de rehabilitación. En la situación en la que un individuo sordo o sordociego no adquiere de manera completa ni la lengua de signos ni la lengua oral a lo largo del periodo crítico, el resultado es el semilingüismo, con lo cual aparece ya la privación lingüística que se ha descrito en el capítulo anterior.

En las situaciones en las que las dos o más lenguas que adquiere un individuo alcanzan un grado elevado de adquisición y de diversidad de usos estamos ante individuos bilingües o plurilingües, como ya hemos anticipado arriba. No tiene por qué ser una adquisición óptima de todas ellas en los diversos ámbitos de la actividad

---

[13] Remitimos al glosario en el que aludimos al término de "lengua verbal" o "lenguaje verbal", como sinónimo de "lengua oral".

lingüística: producción, comprensión, interacción y mediación, tal como señala el Consejo de Europa (2001); pero sí al menos un cierto equilibrio entre ellas.[14]

El tercer concepto importante que necesitamos abordar es el del "habla". En un sentido amplio, los lingüistas se refieren a esta noción como sinónimo de las manifestaciones concretas del sistema de una lengua por parte de los individuos en la interacción comunicativa, en el diálogo. Así, cuando se utiliza una expresión como "esa persona habla mucho o muy bien", se quiere decir que tiene facilidad para comunicarse con soltura en la interacción con los otros; en este caso nos estamos refiriendo a la acción de usar una lengua con fluidez en una situación comunicativa, independientemente de la modalidad de lengua que utilice.

Igualmente, el habla se ha considerado también sinónimo de discurso oral (o hablado), en oposición a discurso escrito. El discurso oral tiene como manifestación básica la conversación espontánea, que podría definirse como la participación simultánea, cara a cara, de dos o más personas, actuando como interlocutores (emisores y receptores simultáneamente) en un espacio y en un tiempo.[15]

Finalmente, en su tercera acepción, el habla se refiere a la modalidad oral; el medio físico que aprovecha los órganos del sistema respiratorio y bucofonador, acompañado de gestos faciales, manuales y corporales. Frente a esta modalidad oral, situamos la modalidad signada, como manifestación física del sistema de las lenguas de signos y de las lenguas de signos apoyadas; en este caso, la forma física o el significante de los signos son los gestos manuales, los gestos faciales, corporales y los cambios en el espacio delante del signante; también en las lenguas de signos hay gestos orales específicos y a veces también la oralización de la parte más destacada de las palabras de las lenguas orales.

Desde los años sesenta, cuando William Stokoe publicó la primera gramática de la lengua de signos americana, los lingüistas ya no tienen dudas de que las lenguas de signos son sistemas de comunicación completos, equiparables a los de las lenguas orales.[16] Posteriormente, se han investigado otras muchas lenguas de signos en el mundo y los resultados coinciden. Por tanto, la facultad del lenguaje es única para todos los seres humanos, pero tiene dos formas físicas de manifestarse: bien por medio del aire que sale de los pulmones, modificado en los órganos de la articulación y que luego se percibe por el órgano auditivo, bien por medio de los gestos realizados con el cuerpo. En este segundo caso, los signos gestuales pueden realizarse en el aire y percibirse visualmente o pueden realizarse apoyándose en el cuerpo de otro

---

[14] Puede consultarse el glosario para profundizar más en estos conceptos y en la diversidad de posiciones teóricas sobre lo que sería bilingüismo o no.

[15] Más detalles en Calsamiglia y Tusón (2012). Este aspecto relativo al espacio y el tiempo es más complejo en el presente con la irrupción de las nuevas tecnologías: videoconferencias, mensajes de WhatsApp, etc.

[16] En realidad no fue un análisis gramatical completo, sino un análisis de las unidades subléxicas.

interlocutor y percibirse de forma táctil. Este segundo caso es lo que se conoce como lengua de signos apoyada que utilizan los sordociegos. Estos usuarios pueden utilizar también la lengua de signos de los sordos cuando se comunican con estos o con los oyentes por medio del servicio de interpretación, pero luego necesitan recibir la información en la modalidad apoyada porque su percepción visual es limitada.

Por tanto, como se ha anticipado al principio de este capítulo, no es adecuado seguir considerando que la facultad del lenguaje es equiparable a la lengua oral. Es un error científico, basado en un prejuicio lingüístico que además tiene consecuencias graves para la infancia sorda y sordociega. No es justificable que se haga desde los profesionales médicos, pero sobre todo desde los profesionales del sistema educativo porque implica desconocimiento de las teorías lingüísticas actuales; incluso se detecta en el Ministerio de Educación, como se puede comprobar en la última norma legal que regula a nivel estatal la Educación Infantil (un aspecto que se abordará en el capítulo 9).[17]

2.2. Las funciones del lenguaje

Tras la definición de estos conceptos previos, continuamos con la explicación de cuáles son las funciones atribuidas a la lengua primera de un individuo. Para ello, una cita obligada es la teoría de uno de los psicólogos del desarrollo más importantes e influyentes del siglo XX, el ruso Lev Vygotsky. En su libro *Pensamiento y lenguaje* (1934), plantea la teoría que será clave, a partir de ese momento, para entender la importancia del desarrollo del lenguaje en la maduración cognitiva del niño y del adolescente.[18] Veamos, en los siguientes fragmentos, lo que dice este autor al respecto:

> La psicología cae en el mismo callejón sin salida cuando analiza el pensamiento verbal en sus componentes, pensamiento y palabra, y los estudia aislados… El significado es una parte inalienable de la palabra como tal, que pertenece tanto al dominio del lenguaje como al del pensamiento. El método que debemos seguir en nuestra exploración de la naturaleza del pensamiento verbal es el del análisis semántico –el estudio del desarrollo, el funcionamiento y la estructura de esta unidad que contiene al pensamiento y al lenguaje interrelacionados (1934, 22 y 26).

En esta teoría, el estudio de la palabra se ha de realizar en su relación con el significado y este, a su vez, en relación con el pensamiento. Cuando en la adquisición

---

[17] Real Decreto 95/2022, de 1 de febrero, por el que se establece la ordenación y las enseñanzas mínimas de la Educación Infantil, BOE 2 febrero 2022.

[18] Morales López (2019).

del lenguaje un niño va adquiriendo las primeras palabras, estas remiten a los objetos visibles de su entorno (por ejemplo, una pelota concreta). Sin embargo, a medida que va avanzando en su desarrollo, estas palabras remiten al conjunto de objetos de una categoría o clase (la palabra *pelota* se refiere entonces a la categoría pelota), por medio de un proceso cognitivo de abstracción. Esta es la primera relación que Vygotsky establece entre la palabra y el pensamiento: la adquisición de las categorías de la realidad. Más adelante, amplía esta relación con la diferenciación de las siguientes dos funciones del lenguaje en la etapa infantil:

> La función primaria de las palabras, tanto en los niños como en los adultos, es la comunicación, el contacto social. Por lo tanto, el primer lenguaje del niño es esencialmente social; primero es global y multifuncional; más adelante sus funciones comienzan a diferenciarse. A cierta edad [hacia los dos años] el lenguaje social del niño se encuentra dividido en forma bastante aguda en habla egocéntrica y comunicativa (preferimos utilizar el término comunicativo en lugar de la forma de lenguaje que Piaget llama socializado, pues considera que ha sido otra cosa antes de convertirse en social).
>
> ... El lenguaje egocéntrico, como forma lingüística aparte, es un eslabón genético sumamente importante en la transición desde la forma verbal a la interiorizada, una etapa intermedia entre la diferenciación de las funciones del lenguaje verbal y la transformación final de una parte de este en lenguaje interiorizado (op. cit. 26 y 42).

En esta cita, Vygotsky destaca que la primera etapa del lenguaje tiene como función la comunicación. El niño se comunica porque necesita establecer una relación social y afectiva con las personas de su entorno. En los primeros meses de su vida, lo hace por medio de los gestos no codificados, la mirada y el llanto; es la etapa conocida como prelingüística. Pero, hacia el primer año, comienza la realización oral y/o gestual de los signos léxicos de la lengua oral o signada que se usa en su entorno familiar. A partir de aquí comienza la etapa lingüística de la adquisición de su lengua primera o materna, con la función principal de la socialización. Esta función comunicativa es crucial tanto para el desarrollo psicosocial del individuo, como para la expresión de sus emociones y sentimientos.

Sin embargo, esta no es la única función del lenguaje; hacia los dos años aparece una segunda función de la lengua primera; la que Vygotsky denomina "lenguaje egocéntrico", una función paralela a la socializadora, en la que el niño habla y juega solo, incluso en presencia de otros niños. A diferencia de Piaget, Vygotsky considera que la función de este monólogo exterior es el inicio del desarrollo del pensamiento, su etapa inicial hasta convertirse más tarde en lenguaje interior. En este segundo momento del desarrollo del pensamiento es cuando el niño comienza a pensar con palabras, ya interiorizadas, sin vocalización. Esta es la razón por la que Vygotsky defiende que, en esta función, las palabras son "mediatizadoras" del pensamiento, de tal forma que, si no hay palabras (es decir, si no adquiere una lengua plena en este momento de su vida), no hay tampoco desarrollo completo del pensamiento.

Además, este autor considera que esta relación tan estrecha entre lenguaje y pensamiento tiene otro segundo momento importante en la adolescencia; así lo expresa en el siguiente fragmento:

> Nuestros descubrimientos principales pueden ser resumidos como siguen: la evolución de los procesos de los cuales resulta eventualmente la formación del concepto, comienza en la primera infancia, pero las funciones intelectuales que en una combinación específica forman la base psicológica del proceso de formación del concepto maduran, toman forma y se desarrollan solamente en la pubertad (op. cit. 90).

La relación entre el lenguaje y el pensamiento había comenzado, como venimos diciendo, con la etapa del lenguaje egocéntrico, hacia los dos años de vida, pero este proceso desarrolla solamente las operaciones intelectuales que denomina "básicas". Hace falta un segundo momento importante para completar este proceso: el de la pubertad o adolescencia. Las razones que aporta para ello las explicita así:

> La formación del concepto es el resultado de una actividad compleja en la cual intervienen las funciones intelectuales básicas. El proceso, sin embargo, no puede ser reducido a la asociación, atención, imaginación, inferencia o tendencias determinantes. Todas son indispensables, pero, al mismo tiempo, insuficientes sin el uso del signo o la palabra, como el medio a través del que dirigimos nuestras operaciones mentales, controlamos su curso y las canalizamos hacia la solución de la tarea con la cual nos enfrentamos.
>
> … Si el medio ambiente no le presenta al adolescente nuevas ocupaciones, no tiene para con él exigencias nuevas, y no estimula su intelecto proveyendo una secuencia de nuevas finalidades, su pensamiento no llega a alcanzar los estadios superiores, o los alcanza con gran retraso (op. cit. 90-91).

Distingue así entre las operaciones intelectuales básicas que se desarrollan en la etapa infantil, y otras superiores que solo se completan en la adolescencia cuando el joven interviene en nuevos retos y tareas en las que tiene un papel fundamental la interacción comunicativa. Se ve de nuevo, en esta segunda etapa, la importancia que este autor sigue atribuyéndole al desarrollo de una lengua plenamente adquirida, esta vez ya convertida en interacción comunicativa rica que debe ser proporcionada a todo adolescente y joven para el desarrollo pleno de dichas capacidades cognitivas superiores. Vygotsky menciona el rol activo del "medio ambiente", un término demasiado general, pero que en este momento ya se puede concretar más: el entorno familiar, el centro escolar y los distintos grupos sociales en los que los adolescentes han empezado a participar.

A partir de la teoría de este autor, ampliamente aceptada hoy en la comunidad científica, es fácil establecer la conexión con el tema que nos ocupa. A ningún niño sordo ni sordociego se le puede privar de una lengua natural (la lengua de signos y la lengua de signos apoyada) a lo largo del periodo crítico porque estamos privándolo de un desarrollo personal completo. El proceso lingüístico tiene que comenzar plenamente en la etapa infantil para que las dos funciones del lenguaje básicas, la social y la del desarrollo del pensamiento, evolucionen óptimamente; solamente así se podrá culminar la segunda etapa, la de la adolescencia.

También, en paralelo a este proceso de desarrollo cognitivo y social en la lengua de signos, el niño sordo y el sordociego necesitan completar el proceso de la facultad del lenguaje con el aprendizaje simultáneo de la lengua o las lenguas orales de su entorno familiar y social. Desde el punto de vista psicolingüístico, no hay ningún impedimento para que las dos modalidades de lenguas comiencen simultáneamente a desarrollarse en ellos, incluso aunque reciban un implante coclear temprano.[19] Desde el punto de vista evolutivo, el bilingüismo es un fenómeno natural en los seres humanos, también en las personas sordas; en el caso de las personas sordociegas, matizaremos en el siguiente capítulo algunas peculiaridades que los expertos señalan. Por tanto, es inadecuado considerar que la lengua de signos perjudica la adquisición de la lengua oral tras el implante. El problema no está en la lengua de signos, sino en el implante mismo, como se explicará más adelante.

Volvemos a reiterar que la lengua natural de un individuo sordo es la lengua de signos, por lo que en un proceso bilingüe esta será la lengua primera o L1. Y la lengua oral al principio será L2, porque no la puede adquirir de forma natural. Posteriormente, si los audífonos y los implantes cocleares permiten el reconocimiento progresivo y/o la recuperación de la audición, la lengua oral puede irse fortaleciendo en el individuo sordo y ser capaz de alcanzar un nivel de competencia elevado tanto en el nivel hablado como en las competencias lectora y escrita. El problema surge, como ya venimos explicando, cuando estas lenguas no se adquieren plenamente y el sujeto sordo, también al sordociego, es semilingüe; es decir, sin ninguna lengua adquirida antes del fin del periodo crítico.[20]

El semilingüismo y lo que provoca, la privación lingüística, no solo están apareciendo actualmente en Estados Unidos, como se ha explicado al hacer referencia al psiquiatra Glickman, sino en general en todos los países occidentales en

---

[19] Campbell et al. (2014).

[20] En nuestras entrevistas, algunas familias explican que hay otorrinos con demasiada prisa por realizar la cirugía del implante y no esperan a ver los resultados de las prótesis auditivas en un bebé sordo. Con la cirugía del implante, los restos auditivos se pierden, lo cual puede ser una pérdida irreparable en el caso de que el implante no tenga éxito.

los que se ha generalizado la cirugía del implante. En España, según las opiniones recogidas en las asociaciones de familias con hijos sordos y en nuestra propia observación participante es ya bastante frecuente. Esta constatación es un hecho grave, cuyas causas y consecuencias iremos mostrando en este libro, dirigido, como se viene indicando, tanto a la formación de las familias con hijos con discapacidad sensorial como a los profesionales de la educación.[21]

Cuando estas familias detectan la sordera o sordoceguera de su hijo, se trata de un momento muy difícil en su vida y se comprende que, en un primer momento, opten por creer fielmente el mensaje oralista de la clase médica, mucho más prestigiosa socialmente que otros colectivos científicos. Sin embargo, como en otros aspectos de las disciplinas científicas actuales, es necesario reconocer que es mejor tener siempre una visión integral ante cualquier problema; las perspectivas lingüística, psicolingüística y neurolingüística que presentamos en este libro pretende mostrar esta visión integral del desarrollo del niño sordo y sordociego. No se están negando los beneficios de las prótesis auditivas ni de los implantes, solo se propone que el bilingüismo intermodal (simultáneamente, lengua de signos y lengua oral) es siempre beneficioso para estos niños. Si las familias se aseguran de que sus hijos adquieren la lengua de signos desde los primeros años de su infancia, al mismo tiempo que desarrollan la lengua oral hablada (con implantes o prótesis auditivas, y con rehabilitación logopédica) y, por supuesto la lengua oral escrita, están previniendo las consecuencias tan negativas de la privación lingüística. Esta es la propuesta que hacen también muchos otros investigadores internacionalmente, tal es el caso de Humphries et al. (2012b), Hall (2017), Hall et al. (2017), Hall et al. (2019), entre otros, a quienes haremos referencia a lo largo del libro.

Es el mejor "seguro de vida" que le pueden ofrecer a sus hijos en el caso de que el implante coclear o las prótesis no den los resultados esperados. Lo grave es que, si se equivocan en el camino, no podrán volver atrás. El proceso es irreversible cuando se ha completado el periodo crítico para la adquisición nativa de una lengua.

---

[21] En relación con el tema de la privación lingüística, pueden consultarse los siguientes trabajos: Morales López (2020, 2022); en el ámbito internacional, Snoddon y Weber (2021).

CAPÍTULO 3

LA COMUNICACIÓN CON EL INDIVIDUO SORDOCIEGO

Para conocer la especificidad de cómo se comunica este colectivo, nos ha sido de gran utilidad el libro de Álvarez Reyes et al. (2004) titulado *La sordoceguera. Un análisis multidisciplinar*. Es una recopilación de artículos de varios autores que abordan esta temática desde diversos puntos de vista. Aquí nos referiremos a las ideas que se relacionan con el objetivo comunicativo del presente libro. Otra referencia valiosa es Huebner et al. (2003).

Desde el punto de vista físico, la mayoría de las personas con sordoceguera conservan algún resto visual útil, por lo que casi siempre se les recomienda cualquier solución técnica que aumente la visión, como paso previo a la rehabilitación y a la estimulación visual; en el ámbito de la audición, el objetivo es también aprovechar al máximo los restos auditivos, recurriendo si es posible a la solución técnica: audífonos o implantes. La incidencia de la sordoceguera es de aproximadamente 15 personas por cada 100.000 habitantes. En España puede haber unas 6.000 personas, aunque el número es poco fiable dado que aún no se dispone de una definición legal de sordoceguera.[22]

Tal como se recoge en la web de FASOCIDE (Federación de Asociaciones de Personas Sordociegas de España), a nivel legal hay una primera alusión a la

---

[22] La Convención de la ONU sobre los derechos de las personas con discapacidad (2015) recomienda a los estados firmantes la recopilación de información sobre cada uno de los colectivos con discapacidad, según se indica a continuación: "Los Estados Partes recopilarán información adecuada, incluidos datos estadísticos y de investigación, que les permita formular y aplicar políticas, a fin de dar efecto a la presente Convención" (art. 31.1). Sin embargo, en el informe del CERMI (Comité Español de Representantes de Personas con Discapacidad) de 2020 (pág. 454) se evidencia cómo el Estado español está fallando en este sentido para el conjunto de personas con discapacidad; también para la sordoceguera.

sordoceguera en la Ley 27/2007 por la que se reconocen las lenguas de signos españolas y se regulan los medios de apoyo a la comunicación oral de las personas sordas, con discapacidad auditiva y sordociegas. Se define en los siguientes términos:

> … aquellas personas con un deterioro combinado de la vista y el oído que dificulta su acceso a la información, a la comunicación y a la movilidad. Esta discapacidad afecta gravemente las habilidades diarias necesarias para una vida mínimamente autónoma, requiere servicios especializados, personal específicamente formado para su atención y métodos especiales de comunicación.[23]

Es una discapacidad con gran heterogeneidad, que no puede ser evaluada simplemente por medios cuantitativos, sino también cualitativos; es decir, funcionales con el fin de no excluir a ningún sujeto sordociego. Las causas de la sordoceguera congénita son diversas: nacimientos prematuros, meningitis, síndrome de CHARGE (malformaciones congénitas), etc.; la sordoceguera adquirida es causada por los síndromes de Usher y Wolfram, principalmente.

Desde el punto de vista comunicativo, los terapeutas optan por la lengua de signos y/o la lengua oral en mayor o menor medida, junto con otros métodos alternativos como la lectura labial, grafismos, fotografías, etc. En la infancia con sordoceguera, el objetivo de la rehabilitación es construir el mundo desde el principio; en la vida adulta, supone reconstruirlo de nuevo. La persona sordociega necesita "interactuar con el medio, relacionarse con los demás… el contacto con otras personas sordociegas… Así siente que pertenece a un colectivo con identidad propia" (Álvarez Reyes et al. 2004, 109). Para ello los profesionales que atienden a estas personas necesitan conocer todos los sistemas de comunicación utilizados.

Como ya venimos diciendo, la especificidad de la sordoceguera es que su comunicación es táctil; para acceder al conocimiento de los objetos y cosas tienen que tocarlos, pero la persona sordociega no sabe lo que tiene delante. Por este motivo, Álvarez Reyes et al. plantean la siguiente cuestión:

> ¿Cómo se puede percibir un acontecimiento o suceso que ocurre delante? No poder tener un conocimiento inmediato de lo que ocurre y no entender lo que se está diciendo produce un cambio radical en todas las dimensiones de la persona: psicológica, social y cultural (2004, 117).

Esta característica representa la primera gran diferencia entre los tipos de comunicación humana: oral-auditiva, viso-gestual y gestual-táctil. En la

---

[23] En https://www.fasociede.org/quienes-somos/ Fasocide fue legalmente reconocida en 2013, por tanto posterior a la ley estatal de su reconocimiento explícito.

comunicación oral-auditiva, la recepción es direccional; se puede percibir el origen de la fuente sonora desde todas las direcciones y también llega a todas las direcciones. En la viso-gestual, la fuente del mensaje se circunscribe al alcance del campo visual, por lo que quizás evolutivamente este hecho hizo reducir la comunicación visual a favor de la oral en los sujetos oyentes (Crystal 1987). Sin embargo, autores como Campbell et al. (2014) destacan que en los sujetos sordos este campo visual es más amplio que en los oyentes.[24] Esta comunicación visual tiene también ventajas en las situaciones de ruido y en las que el silencio es obligado. En las comunidades indígenas, el uso de los sistemas gestuales pudo ser muy necesario en ambientes como los de la caza; de hecho, aún hay comunidades ancestrales que disponen de estos sistemas gestuales de comunicación; se les denominan lenguas de signos alternativas, diferentes a las lenguas de signos de las comunidades sordas, como se verá con más detalle en un capítulo posterior.

Para el caso de la comunicación gestual-táctil, el signante sordociego necesita la iniciativa de un interlocutor que realice los signos con las manos cogidas entre ellos para que aquel pueda reconocer dichos signos táctilmente. En el colectivo de la sordoceguera, el significado de "tocar" tiene entonces un significado muy distinto. Para Barbara Miles, profesora del proyecto de sordoceguera de la Universidad de Texas, las manos que tocan de un niño sordociego son sus ojos, con los que accede al conocimiento del mundo. Tocan objetos, pero también se posan sobre las manos de sus interlocutores para iniciar la comunicación, tal como precisa esta profesora:

> Empezamos a 'enseñar' comunicación al niño sordociego convirtiéndonos en hábiles compañeros de conversación. El niño aprende a comunicarse siendo tratado como una persona que ya puede comunicarse. Enseñamos a conversar conversando.[25]

Una segunda especificidad de este colectivo es que su comunicación táctil es más lenta, con lo que la velocidad de la comunicación oral puede ser un inconveniente en la interpretación. Por ello, la persona sordociega necesita anticipación: tener información por adelantado de la situación en la que se va a encontrar.

Un tercer aspecto es el del cansancio o la fatiga cognitiva que experimenta la persona sordociega por la necesidad de tanta concentración. Esta fatiga cognitiva está también presente en las personas sordas cuando realizan el esfuerzo de comprensión

---

[24] Según ello, se debería tener en cuenta esta diferencia, por ejemplo, en las aulas bilingües donde conviven alumnado oyente y sordo; es necesario así diseñar estrategias diferentes a la hora de captar su atención por parte del profesorado.

[25] https://txdeafblindproject.org/deafblind-interaction/a-basis-for-a-common-language/

a través de sus restos auditivos y/o de la lectura labial; no así cuando se comunican a través de la lengua de signos porque es la lengua totalmente accesible para ellos.

Por estas diferencias de la comunicación táctil, la persona sordociega necesita buenos guías-intérpretes y/o mediadores (comunicativos y sociales), que creen confianza, y sepan comunicar y conectar el mensaje con el contexto (Álvarez Reyes et al. 2004). Es importante que el intérprete tenga habilidad y velocidad en el sistema de comunicación, y capacidad de síntesis para seleccionar lo importante en relación con el contexto. Además, para que esta comunicación sea plena, es necesario incluir un sistema de comunicación completo.[26]

A nivel individual, la lectura constante en braille (u otras tecnologías posibles) consigue suplir la falta de información y de experiencias directas. Se necesita también la lectura frecuente del diario para estar al día de lo que sucede y poder así conversar con los otros. Pero hasta llegar al nivel de la lectura autónoma, es necesario en un primer estadio proveer al niño sordociego de otras alternativas, como la creación de símbolos táctiles, con referencias a objetos más concretos y luego poco a poco más abstractos, tal como se explica en la web del proyecto aludido de sordoceguera de la Universidad de Texas.

Desde el punto de vista social, la participación en las actividades colectivas de las asociaciones es fundamental, sobre todo para evitar el aislamiento, y fomentar su identidad y sentimiento de grupo. La primera asociación de personas sordociegas se creó en 1993 con el nombre de ASOCIDE (Asociación de sordociegos de España, www.asocide.org), de la cual surgió FASOCIDE en 2013, tal como se ha mencionado arriba; ASOCIDE continúa siendo parte de FASOCIDE, como uno de los socios fundadores. En octubre de 2001, coincidiendo con la celebración de la VII Conferencia Mundial Hellen Keller en Nueva Zelanda, se creó la Federación Mundial de Sordociegos de la que FASOCIDE es miembro. En el capítulo dedicado a la educación de este colectivo, haremos referencia a otras asociaciones de la sordoceguera.

Con todo, el aspecto más relevante es que se parte de una gran heterogeneidad en las habilidades comunicativas de estos individuos porque hay quienes no han adquirido ningún sistema de comunicación completo en la infancia y otros que solo adquieren nuevos sistemas cuando avanzan progresivamente en la sordoceguera (sordoceguera adquirida). Entre las posibilidades, se encuentran los siguientes sistemas de comunicación: lectura braille (con medios técnicos o el braille manual), alfabeto dactilológico (en el aire, en la mano, visual-táctil), bimodal, dactyls, lengua oral adaptada, tadoma, lengua de signos en campo visual, lengua de signos táctil (o

---

[26] En las entrevistas que hemos realizado sobre este tema, hay quien menciona el problema presente de la falta de intérpretes (guías sordociegos) con las destrezas suficientes para un trabajo tan complejo.

LS apoyada), etc. Esta variación en el uso de los recursos comunicativos también crea barreras dentro del colectivo, un aspecto sobre el que es muy necesario incidir.

La comunicación es el principal objetivo de intervención en este colectivo; sobre todo será también fundamental en el desarrollo del bebé y luego del niño sordociego. La adquisición de una primera lengua desde el inicio tiene que estar asegurada para incentivar su desarrollo cognitivo y social posterior. Se puede decir que la sordoceguera es la discapacidad que provoca mayor aislamiento y soledad, precisan Álvarez Reyes et al. (2004, 213). Por ello la educación será también un segundo aspecto clave y tendrá que tener en cuenta si la sordoceguera es congénita o no. El apoyo a la familia de la persona sordociega es otro de los pilares debido a que esta discapacidad implica un aspecto muy desestructurador para ella; por este motivo, el asociacionismo necesitará ser fomentado para que ofrezca el soporte necesario a la familia y luego el desarrollo autónomo de la persona sordociega en la vida adulta.

En nuestra entrevista realizada a la presidenta de ASOCIDE Cataluña, Imane Lachiri, insiste en la importancia de ser parte activa del asociacionismo para fomentar la comunicación continua entre la persona sordociega y los mediadores, pero también entre las mismas personas sordociegas. Asimismo, esta comunicación constante favorecerá la actitud activa de la persona sordociega para seguir aprendiendo nuevas cosas, principalmente lo relativo a las tecnologías de la comunicación que vayan estando accesibles para ellas. Este aprendizaje se debe aceptar como una actividad continua en la vida; porque hay que tener en cuenta, continúa explicando, que el acceso al mundo laboral es difícil para este colectivo, aunque haya obtenido algún ciclo formativo o grado. Algunas de las personas sordociegas pueden trabajar en la ONCE si conservan ciertos restos auditivos, pero el trabajo en el mundo laboral externo es difícil; las demandas de los puestos de trabajo externos crean mucho estrés en la persona sordociega, con lo cual a veces esta situación puede ser incluso muy perjudicial para su salud. Por ello, la asistencia continua a la asociación a la que se esté afiliada es un buen recurso para mantenerse activa en las diferentes etapas de la vida adulta, si ya ha podido resolver la situación económica por medio de su incapacidad para el trabajo. El problema persiste si la persona sordociega no es autónoma personalmente y vive alejada de las asociaciones.

En estos casos, la actitud de la familia se considera de nuevo fundamental. La presidenta de ASOCIDE nos explica lo afortunada que ella ha sido con la suya porque ha estado siempre dispuesta a aprender la lengua de signos; primero aprendieron la lengua de signos en su país de origen y ya desde pequeña se comunicaban con signos; luego cuando vinieron a nuestro país aprendieron la lengua de signos catalana y empezaron a usarla también en casa, porque era la que ella adquiría en el centro bilingüe en el que se escolarizó. Con ello ha podido ir fortaleciendo su identidad personal y social al no haber estado nunca incomunicada. Es lo que le está sirviendo también para aceptar mejor la posible pérdida de visión que pueda sucederle por su diagnóstico personal.

Tras la exposición de las características de la comunicación de este colectivo, el aspecto que nos parece más preocupante para volver a incidir en él es el de la heterogeneidad en su comunicación. No se les proporciona un único sistema de comunicación; el más completo es la lengua de signos apoyada, una variante de la lengua de signos, pero no siempre es el recurso más extendido. Por ello tampoco se asegura una comunicación completa desde la infancia y la juventud entre los diversos sujetos sordociegos con el fin de poder crear grupo social y comunidad. Así, no dudamos de que la privación lingüística esté muy presente en este colectivo, como también lo confirman los responsables en las asociaciones que trabajan para la sordoceguera. Es un hecho coincidente con la infancia y adolescencia sordas actualmente.[27]

---

[27] Se puede completar esta información con la lectura de la entrevista a Ricard López, presidente de APSOCECAT y FESOCE, *Newsletter* 5, 19, 2019 (www.bilinsig.org/newsletter). Como se ha indicado, en uno de los capítulos finales volveremos a abordar este tema al referirnos a la situación educativa de la infancia sordociega.

Capítulo 4

¿Qué ha sucedido con los implantes cocleares? (I)

Para entender mejor los cambios ocurridos en la comunidad sorda en las últimas décadas, comenzamos por analizar los argumentos utilizados en la actualidad por el fenómeno que denominamos "neooralismo"; a partir de aquí, estaremos en disposición de comprobar cuáles de las expectativas de este fenómeno se han cumplido y cuáles no.

Utilizamos el término de neooralismo para referirnos, en el presente, a la defensa a ultranza de la visión oralista de la sordera, a partir de la creencia de que la tecnología actual puede resolver el problema de la infancia sorda y no es necesario recurrir a la adquisición de la lengua de signos. La sordera es vista exclusivamente como déficit, algo que le falta a este individuo, por lo que las prótesis auditivas conseguirán normalizarlo.

Esta creencia forma parte de lo que se conoce también como "paradigma tecnológico", la idea del pensamiento capitalista de que la industria tecnológica solucionará todos los problemas presentes. Por ejemplo, está muy extendido este paradigma en el tema del cambio climático: para quienes lo defienden no habría que reducir el consumo (como se dice desde el ecologismo) porque ya encontraremos alguna solución técnica para disminuir los gases de efecto invernadero de la atmósfera y sus consecuencias adversas.

En el ámbito de la sordera, el oralismo tradicional consiguió su hegemonía a finales del siglo XIX en el conocido Congreso de Milán al defenderse allí a ultranza la ideología basada en la primacía de la lengua oral sobre el manualismo o comunicación por medio de los gestos; es el audismo o fonocentrismo, como también se le denomina (Esteban Saiz 2023).[28] Pero en las últimas décadas el hito clave ha sido la proliferación de la cirugía de los implantes cocleares, con la confianza generalizada de los otorrinos en la recuperación completa de la audición, tal como evidencian las opiniones de distintos especialistas.[29] Esta creencia tan optimista se ha extendido en los países desarrollados y no ha permitido en estos años aplicar, desde las administraciones de la salud y de la educación, ningún principio de precaución para evitar las consecuencias adversas de la privación lingüística que se viene mostrando.

Nos parece importante por ello realizar en este punto un análisis de cuáles son algunas de las opiniones que se han divulgado desde esta corriente neooralista. El primer documento elegido como ilustración es el publicado por el *Departament d'Educació* de Cataluña, titulado "Avaliació de la resposta auditiva en infants de 0-3 anys" (2020). Son autoras del documento un conjunto de nueve audioprotesistas del CREDA, supervisadas por la doctora Claveria Puig, jefa en ese momento de la Sección de Hipoausia y directora del Centro de Implantes Cocleares, del Hospital Sant Joan de Déu de Barcelona.[30] Esta doctora es quien también redacta el siguiente prólogo, que analizamos a continuación:

> La introducción en Cataluña del cribado auditivo neonatal universal, primero como instrucción en el año 2010 y, posteriormente en 2015 como decreto ley, significa un abordaje integral de la hipoacusia infantil, es decir, una detección, un diagnóstico y un tratamiento precoz multidisciplinar, así como un seguimiento coordinado entre todos los profesionales que intervienen.

> La intervención terapéutica de la hipoacusia infantil desde el diagnóstico médico conlleva una serie de actuaciones entre los profesionales de sanidad y educación públicos, concretamente con los CREDA. Este hecho genera un nuevo reto de trabajo, no solo multidisciplinar sino también interdisciplinario, y como consecuencia surge la necesidad de establecer un protocolo de actuación uniforme y común.

> La evidencia de un protocolo común de actuación en toda Cataluña ha favorecido el nacimiento de una comunidad de práctica, es decir, un grupo de trabajo coordinado con herramientas de fácil comunicación entre los profesionales que hacen la evaluación y el seguimiento audioprotésico de los niños con pérdida auditiva, a fin de consensuar una intervención de la máxima calidad. El cribado auditivo neonatal

---

[28] Véase también Humphries et al. (2017). Frente a esta visión oralista y de prejuicios contra las lenguas de signos, la defensa del bilingüismo hizo surgir la conocida como visión antropológica de la sordera (Massone y Machado 1994). Se puede completar esta información en Morales López (2000).

[29] En Freijeiro Ocampo (2019) aparecen datos actualizados sobre los implantes cocleares y el tipo de cirugía que conlleva.

[30] La traducción es nuestra. Se puede descargar en catalán de https://repositori.educacio.gencat.cat/handle/20.500.12694/1157

permite detectar casi todas las hipoacusias infantiles, básicamente las que pueden tener repercusiones negativas en el desarrollo del niño sin tratar. Asimismo, exige disponer de un guion protocolizado muy preciso de intervención, para dar la mejor respuesta a nuestros niños. Este reto ha sido el motor y el buen trabajo de esta comunidad de práctica.

Por mi parte, desde el ámbito sanitario, participar en todo este excelente trabajo y tener el lujo de hacer las aportaciones médicas ha sido un auténtico regalo profesional, sobre todo cuando una otorrinolaringóloga como yo está totalmente convencida de que el abordaje de la hipoacusia infantil, para que sea exitoso para el niño y la familia, debe ser integral y con una actuación conjunta interdisciplinaria entre sanidad y educación.

En todo el grupo de trabajo, de una manera especial a sus coordinadoras, y los departamentos de Sanidad y de Educación, quiero manifestar un agradecimiento por la idea de la elaboración del protocolo y el trabajo realizado que a continuación se puede comprobar que seguro será una pauta a seguir muy útil para muchos profesionales. Y también repercutirá en una mejora de la calidad de atención de los niños con pérdida auditiva y de sus familias.

Buen trabajo y muchas gracias en nombre de los niños que sin ni saber cómo ni por qué en su vida les acompaña una pérdida auditiva.

Desde la visión de la infancia y adolescencia sordas y sordociegas que defendemos, lo primero que echamos en falta en este prólogo es la ausencia de una propuesta auténticamente integral en un documento que se publica desde un organismo público. Los profesionales que redactan el documento son, como se ha anticipado, un grupo de audioprotesistas y una doctora; no aparece ningún profesional sordo que defienda el bilingüismo ni se hace ninguna alusión a la perspectiva psicolingüística bilingüe (lengua de signos/lengua oral), fundamentales también para ofrecer una visión interdisciplinaria completa.

Este texto, además, se destaca por el uso de palabras poco inusuales en un informe profesional: "intervención de la máxima calidad", "el cribado auditivo neonatal permite detectar casi todas las hipoacusias infantiles, básicamente las que pueden tener repercusiones negativas en el desarrollo del niño sin tratar", "excelente trabajo y tener el lujo de hacer las aportaciones médicas ha sido un auténtico regalo profesional", sobre todo cuando "una otorrinolaringóloga como yo está totalmente convencida de que el abordaje de la hipoacusia infantil, para que sea exitoso para el niño y la familia, debe ser integral y con una actuación conjunta interdisciplinaria entre sanidad y educación". En el comentario final que sigue aún se exagera más este estilo, que parece asemejarse al comercial: "Buen trabajo y muchas gracias en nombre de los niños que sin ni saber cómo ni por qué en su vida les acompaña una pérdida auditiva". Si continuamos el análisis del resto del documento, son destacables también los siguientes fragmentos:

La detección precoz de la hipoacusia no solo debe permitir hacer un diagnóstico temprano, sino también debe ayudar a mejorar los aspectos comunicativos y lingüísticos del niño, evitando que tenga repercusiones en aspectos personales, sociales, de relación, motrices, de aprendizaje y, en definitiva, en su desarrollo global ...

El médico otorrinolaringólogo (ORL) diagnostica la pérdida auditiva y hace la derivación al CREDA de referencia, donde se inicia la acogida del niño con sordera y de su familia, la valoración audiológica complementaria y la valoración de las necesidades de habilitación auditiva, comunicativa y lingüística.

Actualmente en Cataluña el abordaje de la pérdida auditiva se hace desde una vertiente interdisciplinaria y pública entre los servicios de Sanidad y Educación, lo que permite proporcionar una respuesta de forma global y completa a las necesidades de cada niño, y adecuarlo el tratamiento óptimo. Las reuniones periódicas entre ambos servicios posibilitan un seguimiento longitudinal tanto de la evolución de las capacidades auditivas" (pp. 5-6).

Cuando en este fragmento, se utilizan, por primera vez, los adjetivos "comunicativos y lingüísticos", a primera vista, parecen referirse al aspecto integral expuesto al inicio del texto, porque se indica también que con ello quieren contribuir a evitar los problemas personales que se pudieran derivar de la sordera. Sin embargo, al final, se observa que equiparan lo comunicativo y lo lingüístico con la lengua oral, una identificación superada científicamente desde la década de los sesenta en los estudios psicolingüísticos y neurolingüísticos, como se viene explicando. La lengua de signos y el bilingüismo están ausentes, con lo cual no hay una "visión global y completa" de las necesidades de la infancia sorda, a pesar de que así se indica. Es, pues, un documento que con un estilo "paternalista" evidencia la discriminación entre los niños sordos y oyentes, porque prescinde de su derecho a adquirir una lengua plena de manera natural y no reconoce el problema que actualmente existe en este colectivo con la privación lingüística.

Como segundo testimonio del neooralismo que se está tratando en este capítulo, analizamos los argumentos a favor de los implantes cocleares defendido por otra doctora, esta vez en su comparecencia como testigo en un juzgado de una comunidad autónoma.[31] En esta vista se decidía si se retiraba o no la custodia a unos padres oyentes con un hijo sordo de 2,5 años, quienes habían decidido posponer la cirugía del implante hasta completar el proceso de adquisición de la lengua de signos como lengua primera de su hijo. A otros datos de esta actuación judicial nos referiremos en capítulos posteriores, aquí solo adelantamos que la sentencia final fue favorable a la decisión de la familia. Los fragmentos de la doctora que seleccionamos

---

[31] Agradecemos a la familia implicada en este juicio y a su abogada el material empírico de este caso judicial. Todos los datos de los participantes se omiten para preservar la identidad del menor, también el nombre de la doctora.

en este capítulo son los siguientes (aparecen enumerados para facilitar su lectura; D es la doctora, F la fiscal y A la abogada):

[1] D: El riesgo de no aplicar este tratamiento [del implante coclear] es que tenemos una ventana muy pequeña de tiempo de 0 a 3 años, preferentemente de 0 a 1,5, pero en total de 0 a 3 años para desarrollar el lenguaje oral... Si eso no se realiza en este momento, en este periodo de tiempo, nunca, jamás se realizará. Cuando digo jamás es jamás... y entonces ese es el problema; ese es el perjuicio, que tendrá que hablar con lengua de signos.

La cuestión es que, si usted no le implanta ahora, no le está dando la opción de elegir. Solo le está permitiendo acceder a la lengua de signos. [...]

[2] No hay malos funcionamientos del implante, hay edades tardías del implante.

[3] [L]a posibilidad de que un niño no desarrolle el lenguaje o requiera lengua de signos, pese a estar implantado de manera precoz, si no hay nada más, es decir, si no hay un autismo- claro, si el niño es autista, obviamente tenemos más problemas, o si no hay un déficit severo de atención. Quiero decir, si no hay nada más, aparte de la sordera, el riesgo es mínimo. O sea, el riesgo de que no desarrolle lengua oral o de que se tenga que apoyar en el signo es muy pequeño. Menos de un 5%, si no hay nada más. [...]

Si no tienen, como le he indicado antes, si no tienen ninguna otra patología asociada, como es un retraso psicomotor, como es un déficit de atención severo... si no hay ninguna otra patología asociada, una neuropatía... otras patologías que se pueden asociar... si solo es la sordera..., el cien por cien. [...]

[4] F: Si los padres tienen que hablarle de forma oral, de forma verbal, y el implante por lo que sea no funciona o el niño no lo tolera o cualquier otro problema que pudiera surgir, se le habría privado también durante este tiempo de la lengua de signos.

D: Los padres le pueden hablar en las dos lenguas... Le pueden hablar en la lengua en la que quieran; el niño va a poder aprender todas las lenguas.

[5] A: De esos niños [que usted ha implantado], ¿no hay ninguno que tenga retrasos escolares, que haya podido ser diagnosticado pues de algún tipo de trastorno de conducta, ¿no hay nada de eso?

D: Disculpe, retrasos escolares los tienen los niños oyentes también.

En el primer fragmento, la doctora muestra su visión oralista del tema: la lengua de signos como perjuicio, porque lo considera un recurso limitado a los que no pueden oír. La opción de elegir la percibe como positiva desde el lado de la lengua oral, no desde el lado de la lengua de signos; por ello, quiere obligar a la familia a la realización del implante, incluso solicitando judicialmente la retirada de la custodia temporal con el fin de poder realizar la operación quirúrgica.

La fiscal (F) ha tenido acceso a los informes presentados por distintos especialistas en los que se explica el tema de la privación lingüística, tal como ella misma alude en su intervención (un fragmento no incluido). Con esta información previa, pregunta en [4] si la actitud de la doctora de querer obligar a los padres a implantar a su hijo no implica también privación para la adquisición de la lengua de signos. Sin embargo, como se observa, la doctora no contesta directamente a esta pregunta, sino que vuelve a reiterar su argumento en la dirección de que el implante funciona prácticamente siempre; solo va disminuyendo su eficacia si el implante se realiza a una edad más tardía.[32]

En el fragmento [3], esta doctora ya había aludido a otra de las razones más frecuentes para justificar la falta de eficacia de un implante en edades tempranas: la discapacidad asociada. Si el implante no funciona adecuadamente, en ningún momento la causa se atribuye al dispositivo, sino a que el niño tiene una discapacidad añadida a la sordera. Por ello, tal como se ha referido arriba, la doctora no contesta a la fiscal cuando esta profesional alude a la posibilidad de que el implante no funcione en algunos casos y se perjudique también al niño al haberle privado de la lengua de signos en la etapa 0-3 años. Tampoco contesta a la abogada de la familia (A) cuando esta letrada le pregunta directamente si conoce algunos de los síntomas asociados a la privación lingüística, como se observa en [5].

Ya se ha hecho referencia a la confusión en este tema, tal como lo explica el psiquiatra Neil Glickman. Los síntomas de la privación lingüística se confunden con los de otras patologías y discapacidades, con lo cual a los pacientes sordos se les están diagnosticando aleatoriamente segundas discapacidades, a pesar de que han sufrido aislamiento comunicativo en los primeros años de su vida y a pesar de que son semilingües: no tienen ninguna lengua completa como L1.

En el fragmento [5], la abogada sigue insistiendo precisamente en este punto de la privación lingüística, porque este es precisamente el argumento principal de la familia: retrasar el implante un tiempo para centrarse en ese momento en la adquisición de la lengua de signos, y que sea la primera lengua de su hijo y la lengua de comunicación con ellos. Ante la pregunta de si en todos los niños que ha implantado no hay ninguno con síntomas consecuencia de la privación, la doctora tampoco responde directamente; en su lugar, realiza una generalización: también pasa en los oyentes. Utiliza, para minimizar el problema, el término de "retrasos

---

[32] Una opinión algo similar es la que defendía en 2019 el Dr. Ramos quien lidera la cirugía de los implantes en las Palmas de Gran Canaria: https://www.funcasor.org/diainternacionaldelimplantecoclear/

escolares" en lugar de los síntomas y problemas más serios asociados a la privación. En realidad, está realizando con ello un argumento que en términos de la teoría de la argumentación es una falacia: una respuesta inadecuada para evitar contestar a lo que se le pregunta.

Vemos, pues, dos ejemplos de argumentos, los de la Dra. Claveria y los de la doctora en este juicio, que actualmente se utilizan en los hospitales de referencia de los implantes cocleares para defender lo que estamos denominando el "neooralismo". Según esta posición, que podríamos calificar sin duda de ideología, (a) la lengua de signos no es necesaria para el conjunto de los niños sordos porque la tecnología de los implantes es completamente exitosa; y, además, (b) todos los pacientes podrán llevar una vida equivalente a la de los oyentes, a no ser que tengan otras discapacidades asociadas. Con ello se prescinde del hecho ya empíricamente probado de que en el periodo crítico de la facultad del lenguaje las dos modalidades de lenguas, la oral y la de signos, cumplen el mismo rol para el desarrollo de las funciones comunicativas, psicosociales y cognitivas de los individuos.

Esta posición neooralista ha tenido consecuencias importantes en el modelo educativo de la infancia y adolescencia sordas en las últimas décadas, tanto en España como en muchos otros países desarrollados. En nuestro contexto, la consecuencia más evidente ha sido la de que, en lugar de completarse el desarrollo del modelo bilingüe iniciado en algunos centros escolares en la década de los noventa y extenderse al resto de provincias y/o comunidades autónomas, las administraciones educativas y sus profesionales han optado mayoritariamente por la metodología de la inclusión en las aulas ordinarias, siguiendo así fielmente el dictado de los otorrinos. Los efectos de este modelo los vemos reflejados, como se viene indicando, en los numerosos casos de privación lingüística que se están detectando en los últimos años. Por ello, en este punto, nos tenemos que plantear de una forma crítica qué está pasando con la cirugía de los implantes; si es cierto o no el funcionamiento exitoso de los mismos que las dos doctoras anteriores manifestaban.

Capítulo 5

¿Qué ha sucedido con los implantes cocleares? (II)

Tras detectar los primeros casos de privación en 2018, a los que se ha aludido en los capítulos anteriores, comenzamos una búsqueda bibliográfica sobre este tema con el fin de conocer si había algún estudio al respecto en España, así como cuáles eran las investigaciones internacionales. Lo que se observa de nuestra búsqueda inicial es que el uso del término "privación lingüística" comienza a aparecer en la bibliografía lingüística, psicolingüística y neurolingüística con más frecuencia en la última década.

En primer lugar, respecto a la relación de este síndrome con los implantes cocleares, es en publicaciones de Estados Unidos donde se alude a estadísticas de éxito o no de esta cirugía. En Humphries et al. (2012b, 197), se afirma que en este país el 20% de los mismos no funciona óptimamente para asegurar la adquisición de una primera lengua; a esta cifra habría que añadir el porcentaje de las personas implantadas que no lo usan (el 45% del total de 20.000 encuestados en un estudio en 2005) debido a razones como falta de satisfacción con el lenguaje, fuerte dolor que provocan los sonidos y el equipo, espasmos faciales, etc. Esta falta de respuesta efectiva, continúan estos autores, es la razón de que no se publiquen más datos estadísticos al respecto.

Unos años más tarde, este mismo equipo aporta otras cifras algo diferentes referidas esta vez a la evaluación del desarrollo lingüístico (Humphries et al. 2019, 135). Por ejemplo, citan un estudio valorado como de éxito por sus autores que concluye lo siguiente: entre el 20% y el 36% de los niños sordos con implante coclear manifiestan un rendimiento que va del percentil 25 y el 75 (de una escala de 100) o incluso mejor en comparación con sus compañeros oyentes, cuando se les evaluó entre 3 y 5 años después del implante; sin embargo, entre el 64% y el 80% de los sujetos mostraron un percentil por debajo del 25. La conclusión de Humphries et al. es que, en relación con el nivel lingüístico, el resultado de los implantes es pobre en la mayoría de ellos, aunque se puedan considerar exitosos desde el punto de vista médico.

En otra publicación más reciente en la que se describe la situación educativa del alumnado sordo en diversos países europeos y en Canadá, Snoddon y Weber (2021) aluden a cómo la privación está aumentando en estos países debido a la generalización del modelo educativo inclusivo en todos ellos. No se aportan datos estadísticos, pero sí ejemplos concretos de este problema. Aludimos en primer lugar al caso de Suecia, país cuyo bilingüismo en lengua de signos había sido exitoso y se proponía como modelo durante décadas. Las autoras Krister Schönström e Ingela Holmström explican que en la actualidad se ha reducido el número del alumnado sordo signante porque está escolarizado en escuelas ordinarias. En lugar del bilingüismo, aparece una mayor pluralidad de métodos comunicativos: oralismo, combinación de las dos lenguas y sistemas alternativos de comunicación; también observan que un gran número de alumnos son transferidos de unas escuelas a otras, desde los centros ordinarios a las agrupaciones de alumnado hipoacúsico y al final al programa bilingüe. Ello provoca que a algunos centros lleguen alumnos que no conocen la lengua de signos y, por tanto, no puedan seguir las clases de forma completa, pero tampoco comprenden bien el sueco oral; el resultado es una gran disparidad en la adquisición de conocimientos por parte de este alumnado tan diverso.

Las autoras añaden también que el profesorado de estos centros explica que los alumnos a veces no se pueden comunicar entre ellos por esta diversidad comunicativa o se comunican con más dificultad, y en un sistema de mezcla oral y signos que no es una lengua completa. No todos ellos comprenden a los intérpretes, por ejemplo en las actividades extraescolares; al final, el profesorado tiene que improvisar su distribución en grupos para que la información llegue a cada uno.

Se ha instalado la norma monolingüe de que primero hay que adquirir la lengua oral, quedando reducida la lengua de signos a la última opción y para los hijos de familias sordas; son los profesionales de la audición los que deciden siempre. Sin embargo, la existencia de alumnado que tiene que ser transferido de las escuelas ordinarias a los programas bilingües es una prueba evidente de que la inclusión en lengua oral no está funcionando, concluyen las autoras.

En el capítulo centrado en la situación de Ontario (Canadá), Kristin Snoddon corrobora una situación semejante a la de Suecia, al haber sido la integración la norma en las últimas décadas y haberse reducido el conocimiento de la lengua de signos. No se hacen evaluaciones de la competencia lingüística de los alumnos: "las escuelas parecen una extensión de las clínicas de implantes; los educadores son reemplazados por especialistas en la rehabilitación oral", remarca la autora (2021, 53). En otro capítulo también sobre Canadá, Joanne C. Weber, abiertamente se refiere a la presencia continuada de la privación lingüística en niños y jóvenes sordos, a partir de un informe oficial de 2016. La razón vuelve a ser la limitación del éxito de los implantes y de las prótesis para el acceso pleno de la lengua oral, sin conocimiento de la lengua de signos. Cita la reacción crítica de la comunidad sorda que ha creado una experiencia teatral, con el nombre *Deaf Crows*, en la que se muestra con testimonios personales de los actores y actrices la existencia de la privación lingüística.

Sobre la situación en el Reino Unido, O'Brien coincide en que la inclusión ha aumentado tanto que el recurso de la lengua de signos solo se plantea en las escuelas especiales. Ello implica que esta lengua no se considera ya un derecho de la persona sorda, sino meramente un recurso para quien es diagnosticado como "discapacitado" y puede ser transferido a estas escuelas. En un informe de 2015 sobre estos últimos centros, ni siquiera se menciona ya la lengua de signos, porque ha quedado completamente devaluada. Finalmente, en cuanto a la educación sorda en Francia, Mugnier confirma lo presentado de los países mencionados. Muy pocos alumnos muestran una producción en una sola lengua, sea lengua de signos o francés. La heterogeneidad de las prácticas lingüísticas del alumnado es la tónica general, con lo cual predomina el bimodal y/o la mezcla de variedades.

Los últimos capítulos de este libro ofrecen una reflexión sobre lo que está pasando y cómo los modelos bilingües necesitan volver a ser reconsiderados si se quiere evitar la privación lingüística. Tienen que ser modelos flexibles (por ejemplo, inspirados en las metodologías del plurilingüismo defendido por el Consejo de Europa) para afrontar la variedad del alumnado; reconociendo que algunos podrán recuperar parte de su audición, pero con limitaciones aún serias para el acceso pleno a la comprensión oral.

En el caso español, los primeros datos del nivel lingüístico de los niños implantados se publican en 2006. Según las investigaciones realizadas a un grupo de niños con este tipo de implante, Madrid Cánovas (2006, 155-156) mostraba los resultados sobre el nivel léxico, comparados con un grupo que denomina "normo-oyentes". Las conclusiones de este estudio apuntan a que los implantados tienen un retraso lingüístico de al menos tres años respecto a sus homólogos oyentes; aunque algunos de ellos poseen un nivel muy cercano a este grupo oyente y en algunos casos incluso algún niño implantado supera a este grupo control. En cuanto al tiempo que estos niños emplean en la realización de la actividad, los niños implantados son más lentos que los oyentes, aunque de nuevo hay grandes diferencias individuales.

En una publicación posterior, Madrid Cánovas y Bleda García (2011), abordan el tema de las dificultades pragmáticas de otro grupo de ocho niños implantados; en concreto analizan la variedad de actos de habla que utilizan en el nivel conversacional. El resultado es que, aunque el desarrollo cognitivo de estos niños sea el correspondiente a su edad, suelen presentar rasgos atípicos en todos los niveles lingüísticos (fonológico, morfológico y léxico-semántico), incluyendo también el pragmático (o comunicativo). En este último nivel, sus dificultades tienen que ver con la adquisición de los matices sociales y culturales porque tienen acceso a un número reducido de registros; también provocan mayores silencios y rupturas conversacionales que los oyentes, lo que muestra que su fluidez conversacional es aún pobre.[33]

Los resultados muestran asimismo que la mayor parte de los actos de habla que realizan son los representativos (estos incluyen tanto muestras de acuerdo o desacuerdo o formulaciones evasivas como "no lo sé", hasta enunciados de contenido informativo pleno); los actos directivos cuando aparecen van encaminados a pedir que se les repita, reformule o explique lo enunciado (por tanto, solicitan una acción lingüística); y los actos expresivos son casi inexistentes, con lo que no hay reflejo del estado interno del niño ni una preocupación de este por el estado de su interlocutor. Estas características llevan a las autoras a la siguiente conclusión:

> Los actos de habla que construyen los niños sordos implantados son generalmente breves y sencillos, porque carecen de unas estructuras lingüísticas sólidas. Esta dificultad en la producción enlaza quizás con [su] falta de iniciativa comunicativa: la comprensión del interlocutor es más lenta y costosa, requiere más esfuerzo, lo cual les lleva a detentar un rol pasivo en el proceso comunicativo… (2011, 103).

Estos datos revelan que, desde la perspectiva de la privación lingüística, la evaluación de estos niños coincide con el grado de privación moderada, porque se trata de sujetos que están escolarizados en la modalidad oralista, no en un modelo bilingüe en el que al mismo tiempo estén adquiriendo la lengua de signos como L1. A este segundo supuesto aludiremos más adelante.[34]

En las estadísticas sobre cuántos niños estarían sufriendo privación actualmente, hay que tener en cuenta que solamente entre un 5 y 10% de los niños sordos nace en familias sordas usuarias de la lengua de signos (Humphries et al. 2019). Y, respecto a la incidencia de la sordera que se maneja en España, aproximadamente el porcentaje es un caso por cada 1000 individuos (datos semejantes a los de los países occidentales).[35] De este total, casi todos los niños sordos llevan prótesis auditivas o son implantados cada vez más a edades tempranas y el porcentaje más elevado está escolarizado en escuelas ordinarias.

---

[33] Puede consultarse al respecto el estudio reciente de Paatsch y Toe (2020).

[34] Véase Plaza Pust (2016, 36); asimismo Freijeiro Ocampo (2019, 230) cita otros estudios internacionales que corroboran el bajo nivel del componente pragmático en los sujetos implantados. Puede consultarse igualmente de la Fuente et al. (2022) para la referencia de otras investigaciones que evidencian la diferencia lingüística entre los individuos implantados y los oyentes.

[35] Freijeiro Ocampo (2019, 111).

Así pues, la sordera tiene una incidencia baja, pero lo negativo es que la mayoría de la infancia sorda tiene padres y madres oyentes, por lo que no tiene acceso a una lengua natural desde el nacimiento. Además, tras el implante, no se recupera rápidamente la audición y el proceso puede tardar unos dos años en el caso de que sea óptimo. Lo habitual es que estas familias no aprendan la lengua de signos para comunicarse con sus hijos ni tampoco los escolaricen en el modelo bilingüe; esto hace que sus hijos se puedan pasar varios años de su vida incomunicados o con una mínima comunicación. Estamos encontrando, como ya se viene explicando, niños y jóvenes de entre 8 y 18 años sin ninguna lengua, ni oral ni de signos, como consecuencia del consejo de los otorrinos y de los logopedas de los servicios educativos de que las familias no utilicen la lengua de signos con sus hijos. Consideran que con esta lengua los implantes no funcionarán adecuadamente y se impedirá el desarrollo de la lengua oral. No hay estudios científicos interdisciplinarios que corroboren esta afirmación de que la lengua de signos perjudica el desarrollo de la lengua oral, más bien aludiremos a algunos que indican lo contrario. Pero en general las familias siguen fielmente esta recomendación.

Además de estos casos de privación lingüística severa, en otros niños el implante les permite la recuperación de parte de la audición. Con todo, esta no es suficiente para la adquisición completa de la lengua oral como lengua primera. Esta se adquiere solo parcialmente, lo que priva al niño y joven de un desarrollo psicosocial y cognitivos plenos; esta privación de tipo moderado lleva aparejado también el fracaso escolar.

El problema, como indican Humphries et al. (2012b, 198), es que estamos ante un aspecto que entra de lleno en lo ético. Se está sometiendo a la infancia sorda a un tipo de tecnología que puede añadir mejoras a su falta de audición, pero solamente cuando se entiendan sus limitaciones. Los implantes no son ordenadores en los que se instalan programas y funcionan inmediatamente. Tras el implante, los sujetos sordos no oyen. Lo que hacen los implantes es enviar impulsos eléctricos directamente al nervio coclear, pasando por alto los canales auditivos ordinarios del oído. Pero el cerebro está preparado para recibir información que llega a través de estos canales auditivos. Es por ello que las personas implantadas necesitan rehabilitación y entrenamiento después de la cirugía, un proceso que puede durar años. Mientras tanto, es muy poco ético poner a los niños en riesgo de sufrir privación lingüística, como de hecho se está haciendo.

5.1. La oposición a la lengua de signos

La pregunta que nos hacemos finalmente en este capítulo va en la dirección de tratar de indagar el porqué de la oposición tan grande por parte de los otorrinos y otros profesionales de la sordera hacia la lengua de signos. Para ello, nos detenemos en la opinión técnica del médico americano Gulati (2019), quien explica que estos profesionales se basan en el supuesto de que las áreas del procesamiento visual del cerebro "colonizarán" las áreas asociadas a la audición, con lo que se perjudicará el desarrollo de la lengua oral. Es lo que denominan "Maladaptive cross-modal plasticity" ('plasticidad intermodal inadaptada'). Sin embargo, los críticos a esta posición defienden, por el contrario, el modelo denominado "Task Selective sensory-Independent" (modelo de la 'tarea selectiva independiente de los sentidos'), según el cual los módulos cerebrales se especializan en varias tareas y pueden recibir fácilmente *input* de diferentes canales sensoriales: hablado, signado y signado apoyado, en el caso de los sordociegos.

En este segundo modelo, lo importante es activar las áreas del cerebro que procesan la facultad del lenguaje, independientemente de su canal físico, porque las consecuencias de ello serán mucho más positivas: el desarrollo completo de estas personas, en términos sociales, emocionales y cognitivos. Los otorrinos, por el contrario, solo atienden al desarrollo auditivo de la persona con discapacidad sensorial, y prescinden de este desarrollo más global. Desde el punto de vista de la psiquiatría, concluye Gulati en la línea de lo afirmado también por Glickman, la privación lingüística es un "trauma de la comunicación", cuyo tratamiento no es exclusivamente la medicación, sino la inmersión en un entorno signante.

Otra área de investigación reciente en relación con la privación lingüística es la de los estudios neuronales y psico-neuronales. Al respecto, aludimos en primer lugar a un estudio de la investigadora británica Ruth Campbell (2014), así como a otro artículo conjunto de ella como primera firmante, Campbell et al. (2014). En este último trabajo, se plantean si es adecuado el consejo mencionado de los otorrinos a las familias con hijos sordos de no hacer uso de la lengua de signos para no interferir en el desarrollo de la lengua oral tras el implante. Analicemos, en primer lugar, el siguiente fragmento:

> ¿Están justificados estos consejos? Aquí exponemos razones neuro-fisiológicas y psicológicas que sugieren que el coste de privar a los niños sordos prelocutivos de señales comunicativas no acústicas antes de la implantación es considerable y no está justificado... Las pruebas citadas a favor de dar prioridad a la estimulación acústica en detrimento de otros sistemas comunicativos (visuales) en la primera infancia pueden mostrar otros factores responsables de los malos resultados que se están obteniendo con los implantes cocleares. Destacamos que uno de ellos puede ser la inadecuada adquisición de una lengua de signos como primera lengua en lugar de la exposición a dichas señales (Campbell et al. 2014, 2).[36]

---

[36] Original: "Is such advice warranted? Here we outline neurophysiological and psychological reasons to suggest that the costs of depriving the deaf prelingual infant of non-acoustic communicative signals prior to implantation are considerable and are not warranted by the neurophysiological evidence. The evidence cited in favor of prioritizing acoustic stimulation at the cost of other (visual) communicative systems in early childhood can admit explanations which may reflect other factors responsible for poor

Estos investigadores corroboran en primer lugar la evidencia generalizada ya internacionalmente de que la cirugía de los implantes no está dando los resultados esperados. Además, aportan una razón que nos parece novedosa: los implantes quizás no están funcionando adecuadamente porque se están esperando resultados óptimos en individuos que carecen de nivel lingüístico en una primera lengua, dado que la mayoría de ellos nace en familias oyentes. El nivel lingüístico de estos niños sordos es muy limitado cuando reciben un implante;[37] con ello, la recuperación de la lengua oral resulta deficiente porque no se puede apoyar en ninguna lengua completa previa.[38]

El esquema argumentativo que utilizan para llegar a esta afirmación se basa en diferentes evidencias empíricas. En primer lugar, la existencia de pruebas de neuro-imagen realizadas en sujetos sordos que revelan cómo en el primer córtex auditivo (A1) no hay evidencia de su activación para las funciones visuales. Por tanto, no se puede atribuir a la activación visual de este córtex el mal funcionamiento del implante. Asimismo, se ha demostrado que la lectura labial (es decir, el "habla vista", *seen speech*), utilizada como refuerzo en la rehabilitación del habla tras el implante, también activa parte de este primer córtex auditivo. Se puede considerar así que esta región es sensible para el habla bimodal, tanto habla vista como habla oída, no exclusivamente para la segunda.

En cuando al segundo córtex auditivo (A2), se ha demostrado que se activa en personas sordas signantes nativas, pero no en personas sordas no signantes. Con todo, se ha observado que se activa en otras situaciones y no interfiere negativamente en la lengua oral; es el caso del código Tic-Tac, que usan los corredores de apuestas en el Reino Unido; este no es un sistema lingüístico completo, sino un código restringido de comunicación porque no tiene gramática. También se activa con la lectura labial silenciosa tanto en personas oyentes como en sordas signantes. Esta lectura labial es una estrategia que beneficia a los sujetos en el proceso de recuperación tras el implante y no interfiere negativamente en la recuperación de la audición y de la lengua oral; incluso continúa siendo usada posteriormente a lo largo de su vida. Todo ello hace pensar que la red neuronal de la lectura labial en un individuo postimplantado es diferente a la de un oyente porque sus experiencias con el habla han sido también muy distintas. Estas evidencias llevan a Campbell et al. a la siguiente conclusión:

---

outcomes with CI. We highlight that one of these may be inadequate acquisition of a signed language as a first language rather than exposure to such signals".

[37] Así lo corrobora también Swanwick (2016); y Hassanzadeh (2012).

[38] Mayberry (2007) muestra la correlación de la edad de adquisición de la lengua de signos como L1 con la adquisición de la lengua oral como L2. Concluye que la adquisición tardía de la L1 (en este caso, la lengua de signos) afecta también negativamente a distintos niveles lingüísticos (fonológico, léxico y sintáctico) de la L2 (la lengua oral).

Es difícil evitar la conclusión de que las regiones temporales posteriores superiores, que comprenden el segundo córtex auditivo en los oyentes, no sean solo críticas para la integración del habla oída y vista, sino que responden de forma muy dinámica al habla, independientemente de la modalidad. Lee et al. (2007b) consideran que esta región muestra una "conectividad multimodal latente" para el habla. Es decir, el A2 puede activarse fácil e inmediatamente por una modalidad cuando la otra está ausente" (2014, 5).[39]

Este argumento indica que la teoría de la colonización de las áreas auditivas por la lengua de signos es débil. Los resultados negativos que están apareciendo en determinados implantes no son consecuencia del uso de la modalidad viso-gestual, sino que hay que buscarlo en otras razones. Como ya se ha anticipado, la autora considera que una razón podría estar en la falta de una primera lengua adquirida por los sujetos sordos en la etapa preimplante. La mayoría de la infancia sorda nace en familias oyentes que no usan la lengua de signos, por tanto, no han desarrollado procesos neuronales que son típicos de los signantes nativos; de hecho, la mayoría desarrolla sistemas lingüísticos empobrecidos (por ello se califican como individuos semilingües). Además, la activación de una segunda lengua se fundamenta en la primera adquirida antes del fin del periodo crítico; ya hay estudios que demuestran que los individuos sordos signantes responden adecuadamente a los implantes (la lengua de signos no ha sido ningún impedimento para ello).[40] Esto confirma que la región auditiva es más bien multimodal, aunque en las personas oyentes se active primariamente para la audición.[41]

Lo importante, pues, es la activación de una primera lengua durante el periodo crítico para que la rehabilitación tras el implante pueda sustentarse en este desarrollo neuronal previo. Esta autora, junto con otros investigadores, distinguen así entre un periodo crítico para el procesamiento auditivo y otro periodo crítico o sensible para el procesamiento del lenguaje (Lyness et al. 2013, 2623). De esta forma, si un niño sordo no recibe *input* visual desde sus primeros años de vida perdería la plasticidad para el desarrollo de la facultad del lenguaje, aunque logre recuperar en algún grado la plasticidad auditiva. Además de esta falta de plasticidad para el lenguaje, quedarían dañadas o sufrirían retraso las funciones ejecutivas que controlan la cognición porque se apoyan en el desarrollo de la primera lengua, tal como ya se ha expuesto al

---

[39] Original: "It is hard to avoid the conclusion that posterior superior temporal regions, comprising secondary auditory cortex in hearing people, are not only critical for the integration of heard and seen speech, but are highly and dynamically responsive to speech, irrespective of modality. Lee et al. (2007b) consider this región to show "latent multimodal connectivity" for speech. That is, A2 can be readily and immediately activated by one modality when the other is absent".

[40] Véanse al respecto Davidson et al. (2013), y de la Fuente et al. (2022).

[41] Puede consultarse también Freijeiro Ocampo (2019, 202ss.).

referirnos a Vygotsky. Para corroborar este hecho, Campbell (2014, 7) da cuenta de diversos experimentos con puzles complejos en los que se requería tanto explicación lingüística para la comprensión de las instrucciones como sin ella. El resultado de este estudio muestra diferencias entre la respuesta de los niños sordos (tanto con implante coclear como sin él) y la de los oyentes; pero a favor de los segundos.[42]

Según Lyness et al. (2013, 2627), este aspecto no ha sido tenido en cuenta en la cirugía del implante, con lo cual cuestionan la hipótesis de que el lenguaje visual provoca una "plasticidad inadaptada" en el córtex auditivo y de que la lengua de signos interfiera negativamente en la eficacia del implante coclear. La reorganización intermodal en el córtex auditivo se produce inevitablemente como resultado de la sordera precoz, también en los sujetos implantados; por este motivo, continúan los autores, no se puede considerar que es consecuencia de la adquisición de la lengua de signos.

En los últimos años, han continuado publicándose otras investigaciones psico-neuronales que tienen en cuenta esta perspectiva multimodal; tal es el caso del monográfico sobre este tema en la revista *Bilingualism: Language and Cognition* (2018).[43] Algunos estudios en signantes nativos y en signantes que han adquirido la lengua de signos tardíamente muestran diferencias en su desarrollo neuronal; en concreto, en el lóbulo frontal y el área temporal del hemisferio izquierdo, y en otras dos del hemisferio derecho.[44] Estas divergencias se observan también desde la perspectiva lingüística en la expresión y comprensión de las estructuras complejas de esta lengua. Por tanto, el fin del periodo crítico parece venir marcado con la lateralización hemisférica para el lenguaje, indican Mayberry y Kluender (2018a, 887; 2018b); es decir, el momento en el que el cerebro completa la especialización del hemisferio izquierdo para el lenguaje. Algunas regiones de este hemisferio se activan tanto para la lengua de signos como para la lengua oral (para la facultad del lenguaje, como ya se ha indicado). No obstante, en el procesamiento de los signos gestuales espaciales otras regiones están también involucradas, tales como algunas visuales del hemisferio derecho (Emmorey 2023).

---

[42] Otra publicación de Campbell et al. (2014) también desarrolla bien esta idea; asimismo, puede consultarse Hall et al. (2019). Hall (2020, 105) define las funciones ejecutivas como la constelación de habilidades cognitivas implicadas en la organización de la conducta de un individuo para conseguir objetivos diversos; también en el uso y asignación de forma flexible de tales recursos cognitivos para conseguir estos objetivos. En general, se considera que estas funciones ejecutivas regulan la conducta del individuo así como la metacognición.

[43] El número monográfico es el siguiente: 21/5, de acceso libre en https://www.cambridge.org/core/journals/bilingualism-language-and-cognition/issue/0AC6F2566601C6ECA5133CC5FD2BA8A2

[44] Esta información se puede completar con el trabajo de Lyness et al. (2013, 2628).

En las conclusiones de este monográfico, Emmorey (2018), añade lo siguiente a manera de conclusión:

> Las situaciones que crean privación lingüística temprana causarán probablemente efectos tanto en el desarrollo cerebral como en las capacidades cognitivas; estas a su vez determinarán la forma como el *input* lingüístico sea procesado (2018, 918).

Por tanto, es errónea la posición que se defiende desde la clase médica de que la lengua de signos puede adquirirse tardíamente en el individuo sordo sin que haya consecuencias por ello al haberse traspasado el periodo crítico. Más bien la maduración biológica del cerebro para la facultad del lenguaje requiere la adquisición de una lengua primera en la infancia (Hall et al. 2019; también Mineiro et al. 2014). Según Anderson et al. (2017, 10259), con la adquisición de la lengua de signos se puede conseguir que los usuarios utilicen estrategias lingüísticas visuales para compensar la percepción degradada de los signos orales. En cambio, los individuos con privación lingüística disponen de un sistema neuronal menos robusto (especialmente en la corriente dorsal en el hemisferio izquierdo) que tiene consecuencias para la comprensión de ciertas estructuras, como las construcciones sintácticas complejas.[45]

Aunque estos estudios neuronales sean aún recientes, ya muestran cómo la activación o no de una lengua primera en los años iniciales de la vida de un individuo sordo tiene repercusiones en el cerebro. Esta evidencia nos parece muy importante para conectarla con las consecuencias negativas de la privación lingüística que venimos citando. En ambos casos, tenemos ya pruebas físicas de que la privación lingüística deja huella en la persona sorda; algo que puede hacerse extensible también a la persona sordociega. Resulta de esta forma un problema serio en el ámbito de la salud y de la educación si no se adoptan soluciones urgentes para frenarlo.[46]

---

[45] Véase también Cheng et al. (2018, 148), así como Cheng et al. (2019) y Emmorey (2023). Puede consultarse Emmorey et al. (2016) y Emmorey (2021) para una revisión de las investigaciones sobre el sustrato neuronal de la ASL y su relación con el procesamiento de los diferentes componentes de esta lengua.

[46] Somos conscientes de que la revisión bibliográfica que acabamos de hacer de todas estas investigaciones neurolingüísticas son difíciles de entender para algunos lectores; sin embargo, hemos querido dar cuenta de ellas con detenimiento porque son una prueba empírica muy importante para contrarrestar las teorías en contra de la lengua de signos que se están defendiendo desde el ámbito sanitario. Animamos a los lectores a que acudan a los textos originales, casi todos ellos de acceso libre en Internet.

Capítulo 6

Las profesionales de la discapacidad auditiva en la educación

Una vez que el niño sordo accede a la Educación Infantil (0-3 años) o ya directamente a la Educación Primaria (a partir de los 3 años), los departamentos de educación de las distintas comunidades autónomas han dispuesto una serie de profesionales que atienden específicamente esta discapacidad; son principalmente logopedas, maestras de Audición y Lenguaje, y/o psicopedagogas. En este caso, utilizamos el género femenino porque una amplia mayoría de estos profesionales son mujeres que trabajan en los centros educativos, a veces integradas en grupos conocidos como equipos específicos de sordos, CREDA, entre algún otro nombre. Pueden trabajar centralizadas en una única unidad, tal es el caso del de la Comunidad de Madrid, o bien descentralizadas por comarcas y/o provincias, como en Galicia, Cataluña y Canarias. En los últimos años, hemos ido conociendo el funcionamiento de estos grupos de profesionales, pero de los que disponemos de más información son los de las comunidades que acabamos de citar como ejemplos.

En la mayoría de los casos, son profesionales de la "oralidad"; han recibido una formación exclusivamente oralista y actúan en consonancia plena con la línea marcada por los otorrinos del hospital de referencia para la cirugía de los implantes cocleares en su provincia o comunidad autónoma. En general han hecho suyo el principio de que los implantes "funcionan" plenamente en los niños sordos que han recibido esta cirugía tempranamente. Por ello, el modelo educativo defendido es el de la integración de este alumnado en aulas ordinarias porque se parte del supuesto de que la rehabilitación vocal-auditiva dará su fruto con el tiempo.

Sin embargo, al cabo de unos años de esta rehabilitación intensa, algunos de estos niños no consiguen los resultados esperados. Son alumnos que han "fracasado" (es el término coloquial utilizado) en este método y es, a partir de este momento, cuando se empieza a pensar en la lengua de signos o el bimodal como recurso inevitable. A veces, esta decisión se alarga hasta incluso los 8 años de edad, como en los casos citados en el capítulo primero.

Son pues niños y niñas semilingües en la lengua oral (porque el implante no ha dado el resultado esperado) y, además, empiezan a adquirir la lengua de signos cuando se están también acercando al fin del periodo crítico, en el entorno de los ocho años; algunos otros incluso después de esta edad. En estos casos, los profesionales que los atienden pueden tener competencia nativa en lengua de signos, pero en otras situaciones no es así. En este segundo supuesto, el alumnado sordo empieza a adquirir tardíamente una lengua de signos a partir de un *input* que es en sí un código empobrecido. E incluso se da el caso de que algunas de sus logopedas y/o maestras de Audición y Lenguaje no utilizan con ellos la lengua de signos sino las variantes de mezcla signadas, conocidas como bimodal o lengua oral signada. Son códigos restringidos de comunicación, semejantes a los *pidgins* orales, que pueden ser útiles como estrategia didáctica para trabajar el contraste entre la gramática de la lengua oral y la lengua de signos, pero no como sustitutos del carácter natural de la lengua de signos.

En este contexto, los síntomas de la privación lingüística que ha empezado ya a surgir en los primeros años de la escolarización de estos alumnos se pueden ir manifestando de forma más severa en los cursos siguientes, y con ello los problemas psicosociales de conducta y de deterioro cognitivo. En este momento, es cuando los profesionales empiezan a pensar en la "discapacidad asociada" para explicar lo que sucede con estos niños: sordera y autismo, sordera y TDH, sordera y retraso mental, etc. A veces, para contrarrestar estos informes oficiales, las familias realizan diagnósticos privados del problema de sus hijos, pero estos psicólogos o psiquiatras desconocen el síndrome de la privación, por lo que casi siempre confirman esta segunda discapacidad.

Hemos podido consultar algunos de estos informes con la autorización de las familias y en todos se advierte que el nivel lingüístico de estos alumnos es incompleto tanto en la lengua oral o lenguas orales de la comunidad como en la lengua de signos. Y, al preguntar a las familias por la infancia de sus hijos, confirman que en los primeros años no se pudieron comunicar plenamente con ellos porque no compartían ninguna lengua natural; se inventaban signos caseros para comunicarse mínimamente. En todos los casos, nos explican que sus hijos se desesperaban por no ser capaces de expresarse plenamente. Sin embargo, las profesionales siempre les recomendaban que había que esperar porque la rehabilitación oral-auditiva se haría efectiva con los años. Era cuestión de tener paciencia.

Con todo, aunque la decisión de la familia sea la de optar por el recurso de la lengua de signos, el proceso no es automático. La llave de la autorización la tienen estas profesionales y, como venimos explicando, no son favorables al recurso de la lengua de signos, sino a la escolarización en la modalidad oyente en aulas ordinarias.

Cumplen así a rajatabla el principio de la inclusión del alumnado en aulas con el resto de alumnado oyente porque coincide también con la prescripción de los otorrinos. En muchos casos, encontramos un único alumno sordo y el resto oyente, apoyado por una logopeda o maestra de Audición y Lenguaje que pueden saber más o menos lengua de signos; como ya se ha indicado, hay casos incluso en los que el código que utilizan es el bimodal o la lengua oral signada. En otras comunidades autónomas, y según los centros, este alumnado está algo agrupado y puede recibir algún servicio de interpretación en parte de su horario escolar. En este último caso, el alumnado nuevamente entra en contacto por primera vez con la lengua de signos a partir del *input* no nativo de la intérprete. Esta figura profesional tiene una doble función: interpretar contenidos curriculares al mismo tiempo que enseña lengua de signos al alumnado sordo que se le ha asignado.

Consecuencia de haberse generalizado en todo el sistema educativo español este modelo de la inclusión, semejante a como se ha explicado en otros países occidentales, se está detectando un gran número de alumnos, niños y ya también jóvenes, con privación lingüística, a veces con privación severa. Los profesionales de la discapacidad auditiva no informan de estos casos, sino que son las asociaciones de familias las que lo hacen cuando acuden a ellas padres preocupados, y hasta desesperados, por el problema de la incomunicación de sus hijos. Estas familias aluden también al enfrentamiento con las responsables en su zona porque se resisten al recurso de la lengua de signos y, por tanto, no les permiten el traslado del expediente escolar a algún programa bilingüe; en otras ocasiones, no les dan opción para ello porque ni siquiera existen centros bilingües en su entorno y tienen que resignarse a continuar la escolarización de sus hijos en el centro asignado por la administración.[47]

En otros casos más extremos, la familia decide realizar un cambio de residencia a otra ciudad donde existe un modelo educativo bilingüe. Así tenemos conocimiento de familias que han trasladado su residencia de Cataluña, Valencia, Canarias o Extremadura a Madrid, porque en esta ciudad hay varios centros educativos con modalidad bilingüe (a ellos aludiremos más adelante). Otras familias no pueden cambiar tan fácilmente de forma de vida, pero deciden conducir o usar el transporte público cada día más de hora y media por trayecto para llevar a sus hijos al centro bilingüe de otra ciudad porque en su población solo le ofrecen la metodología oralista. Podríamos decir que es una modalidad nueva de familias en el sistema educativo español: la de los "desplazados educativos" (término que utilizaremos a partir de ahora también).[48]

---

[47] Pueden consultarse ejemplos al respecto en las Newsletters 8, 30, 2022 y 8, 32, 2022-23. (www.bilinsig.org/newsletter). Otros casos del área de Barcelona en Morales López (2020).

[48] Tenemos constancia de casos en Barcelona y en Murcia, a partir del testimonio de las familias. Como ejemplo en la primera, puede visionarse el documental "Olivia, una filla preciosa que parla una altra

El resultado de la inclusión en centros ordinarios es, en muchos casos, el de alumnos incomunicados parte del horario escolar de su centro porque su acceso a la comprensión oral del currículum es limitado. Entre los diversos casos que conocemos, destacamos el de la única escuela infantil de Barcelona de titularidad municipal, con un proyecto oficialmente bilingüe. A pesar del carácter bilingüe de este proyecto, no lo ha desarrollado hasta el momento; en el curso 2022-23 no disponía de ningún profesional sordo nativo a tiempo completo a pesar de la necesidad de atender a varios de sus alumnos sordos, algunos con sordera profunda y signantes nativos; solamente los atendía en lengua de signos una profesora sorda unas horas un día a la semana; y la tutora oyente no tenía buen nivel de lengua de signos, según el testimonio de una madre sorda con dos hijos entre los alumnos. Por tanto, estamos ante un centro de titularidad pública que hasta ese curso no había dispuesto de los recursos educativos necesarios para cumplir el mencionado proyecto educativo bilingüe. Su alumnado sordo no estaba recibiendo una educación en igualdad de derechos con el alumnado oyente de su clase porque no recibía un *input* lingüístico pleno. Su derecho a la educación inclusiva e integral estaba siendo vulnerado.

---

llengua" (https://www.espiell.cat/video-post.php?id=17). Y relativo a la segunda ciudad, puede leerse la entrevista a Vanessa Legrand, madre de una joven sorda, en la Newsletter 7, 27, 2021 (www.bilinsig.org/newsletter).

CAPÍTULO 7

LA DISCRIMINACIÓN DEL ALUMNADO SORDO EN EL MODELO DE EDUCACIÓN INCLUSIVA

A pesar de que el objetivo del modelo de la inclusión ha pretendido acabar en el ámbito educativo con la segregación escolar del alumnado con discapacidad, en el caso de la discapacidad sensorial (en este capítulo nos centraremos solamente en la sordera) ha resultado negativo: niños sordos solos en aulas con el resto de oyentes, con los cuales no se pueden comunicar plenamente o únicamente a través de un mediador o intérprete. Este tipo de inclusión es más bien "exclusión"; y lo consideramos el primer tipo de discriminación del alumnado sordo respecto al oyente. Con ello, no se está respetando la especificidad de cada colectivo, sino más bien al contrario: el niño sordo tiene que adaptarse individualmente a la norma comunicativa de los oyentes, por medio de un dispositivo tecnológico que le amplíe el sonido o bien por medio de un adulto que interprete la información que se dirige a toda la clase. Esta inclusión no es bidireccional (como se verá al explicar el modelo bilingüe), sino que es el alumno sordo el que individual y continuamente tiene que adaptarse para acceder al modelo normo-oyente de la clase.

Según el testimonio de algunas familias con hijos sordos en centros ordinarios, a veces sus hijos rechazan el uso de la lengua de signos, a pesar de que la necesitan para el acceso a la información. No quieren verse señalados como los diferentes y los raros de la clase. Algunos incluso sufren *bullying* o cierto tipo de acoso escolar por ello. Una familia sorda con un hijo sordo explicaba de la siguiente forma el modelo de inclusión de su hijo sordo, solo en un aula de oyentes:

> … [S]on niños "desmotivados", sin incentivos en el aula porque no hay nadie más en clase como ellos; están incomunicados y no se enteran de nada de la clase. Nosotros asistimos a colegios de sordos, donde había otros alumnos sordos signantes y entre

todos nos ayudábamos. Nuestros hijos van a tener peor educación; esto se va a resentir no solo en sus conocimientos, sino en su nivel social y emocional.[49]

Y, si están solos en clase, continúa otra madre con un hijo sordo, no tienen amigos para jugar fuera del aula; es lo que hacen los niños oyentes en el recreo o cuando acaba el colegio, se quedan a jugar con sus compañeros. Estos ejemplos evidencian que la inclusión lo que pretende, y de hecho está fomentando, es únicamente la asimilación a la norma de la mayoría.

Además, muchos profesionales a favor del oralismo defienden esta posición porque parten del supuesto implícito de que la discapacidad sensorial implica una discapacidad psíquica asociada y/o un fallo de estimulación oral de la familia. Así lo hemos podido comprobar por los comentarios de profesionales diversos en el ámbito educativo: "el alumnado sordo no tiene capacidad de abstracción", "siempre necesita adaptación curricular", "el implante no puede fallar, si no funciona es debido a una discapacidad asociada", "la familia no lo ha estimulado suficientemente en la lengua oral tras el implante", etc.

Opiniones de este tipo muestran que los profesionales de la discapacidad auditiva, por su formación exclusiva hacia la lengua oral, siguen insistiendo en que la sordera es una discapacidad psíquica más, por lo que las expectativas que tienen para este colectivo son limitadas, equiparables a las de otro tipo de discapacidades cognitivas. Sin embargo, ya sabemos que el retraso cognitivo y, en consecuencia también, el educativo que la mayoría de este alumnado arrastra son el resultado de su aislamiento comunicativo en los años fundamentales de la adquisición de la primera lengua y es el que le ha provocado algún grado de privación lingüística.

Un segundo tipo de discriminación que se observa también en diferentes comunidades autónomas es la segregación del alumnado sordo en aulas o centros diferentes según sea signante u oralista. Conocemos casos de este tipo de segregación en centros públicos de la ciudad de A Coruña, pero en donde parece estar más extendido es en el sistema educativo público de Cataluña. En este último caso, resultan varios tipos de centros de agrupación de la discapacidad auditiva: 1) modalidad bilingüe en la que se concentra mayoritariamente el alumnado signante de familias sordas o de familias oyentes que defienden el bilingüismo (en este grupo están también los que han sido denominados desplazados educativos) y el alumnado que es transferido a este modelo porque no ha recuperado bien la audición en el modelo oralista; 2) agrupación de alumnado sordo en modalidad oral, separados de los alumnos signantes; 3) y alumnado escolarizado en la modalidad conocida como educación especial (bilingüe o con lengua oral signada), porque se trata de alumnos sordos con otra discapacidad asociada, reconocida por los profesionales (aunque

---

[49] Remitimos a la Newsletter, 8, 30, 2022 (www.bilinsig.org/newsletter).

podrían ser también casos de privación lingüística), y alumnado sordo que procede de la emigración, sin conocimiento de la lengua de signos autóctona y de las lenguas orales de la comunidad.

Como señalan Trovato y Folchi (2022), en un libro sobre la situación de la población sorda en distintos países europeos, esta separación entre el alumnado sordo signante y el que tiene implantes cocleares es una segregación evidente. Evalúan el hecho recogiendo la opinión de la lingüista sorda Carol Padden: se puede considerar una segregación paralela a como se hacía en su país, Estados Unidos, con la raza; por ejemplo, con colegios para los estudiantes blancos y para los negros. La separación del alumnado sordo por su condición de signante o no es algo ajeno a cualquier principio pedagógico; responde al interés del neooralismo de mantener el control sobre el alumnado implantado, y evitar que consiga un acercamiento a la lengua de signos y a los valores de la comunidad sorda.

Esta segregación está provocando también que se tengan que transferir continuamente alumnos del modelo oralista al modelo bilingüe a medida que, desde los profesionales, se constata que la recuperación de la audición tras los años posteriores al implante no está dando el resultado esperado. En algunos alumnos que se transfieren tardíamente, los profesionales del centro bilingüe receptor ya advierten de que son casos evidentes de privación lingüística, por lo que se trata de centros ordinarios que se han convertido ya *de facto* en proyectos de educación especial. No hay apenas alumnado sordo nativo que haya adquirido la lengua de signos desde la infancia. La principal razón es que la mayoría del alumnado que se ha ido incorporando tardíamente a este modelo signante tiene niveles lingüísticos muy desiguales, por lo que necesitan atención individualizada y se desvirtúa así la idea original de un centro bilingüe intermodal (en lengua de signos y lengua oral), equiparable al del bilingüismo oral.

Como ya se ha señalado más arriba, el cambio continuo de alumnado desde el modelo oralista a otro signante (con menor o mayor presencia de la lengua de signos en el currículum educativo) es una de las razones que diversos profesionales de la educación sorda en países europeos aportan para demostrar que la inclusión educativa no está resultando tan exitosa como se pensaba (Snoddon y Weber 2021).

El siguiente comentario de la activista sorda Anna Fochi nos parece corroborar bien lo que estamos afirmando:

> Muchas veces se reprocha a los sordos que no sepan escribir correctamente en italiano, pero no es responsabilidad nuestra. No nos enseñaron adecuadamente. En los institutos de mi época nos enseñaron doctrina católica y a articular palabras. Pero, sinceramente, la educación no es solo religión y pronunciación. Lo diré claramente, ha sido responsabilidad de nuestros profesores si nuestra educación rara vez ha dado buenos resultados. Antes de 1880, había autores sordos que publicaban obras buenas. Cuando se introdujo el oralismo y se suprimió la lengua de signos de la educación de

los sordos, los nuevos métodos no han aportado ningún progreso cognitivo, no han beneficiado a los alumnos sordos. Estas decisiones nos han llevado a donde estamos ahora (Trovato y Folchi 2022, 26).[50]

En esta cita, Anna Folchi se está refiriendo a la época de su escolarización, heredada del oralismo impuesto a lo largo de todo el siglo XX tras el Congreso de Milán en 1880. Sin embargo, seguimos constatando que en el primer cuarto del siglo XXI el problema de la alfabetización de la mayoría de este alumnado sigue sin haberse resuelto. Incluso podríamos decir que, para la parte del alumnado sordo que no ha conseguido beneficiarse de la tecnología de los implantes, la situación se ha agravado aún más. La aparición de la privación lingüística es una prueba evidente de ello.

En este punto, es útil hacer una breve mención a la comparación de Trovato y Folchi (2022) de la educación sorda en diez países europeos, a partir de datos obtenidos en 2011. Del total de países analizados, la educación sorda ha conseguido mejores resultados en los nórdicos que en los del sur (Italia, España y Portugal). En Suecia y Finlandia, el énfasis en ese momento se ponía en las necesidades individuales del alumnado con discapacidad, considerando el bilingüismo como una solución fundamental para el alumnado sordo.[51]

En cambio, en otros países, como señala Anna Folchi en la cita anterior a partir de su experiencia personal en Italia, el esfuerzo no se ha puesto en leer y escribir, sino en hablar y en la lectura labial. Se consiguen más resultados, continúan Trovato y Folchi, cuando el objetivo es la inmersión temprana en la lectura y en la escritura de la lengua oral, y en la organización del pensamiento y el razonamiento a través de la lengua de signos. Con este comentario, se refieren a la experiencia de un proyecto bilingüe en Italia, iniciado en 1994, desde la Educación Infantil hasta la Educación Secundaria (con profesionales sordos, intérpretes, profesores nativos de la LS…), cuyos resultados así lo muestran.

La estadística comparativa entre estos países europeos, que también se aporta en este libro de Trovato y Folchi, revela que de los países del sur de Europa Francia se encontraba en 2011 en una situación favorable. Sin embargo, en España, en ese mismo año, la diferencia entre el alumnado sordo y el oyente en el porcentaje que acababa la Educación Primaria era de 20 puntos; en Francia la diferencia era de 5 puntos, mientras que en Suecia el porcentaje era equivalente. En general, las estadísticas indican que un título de Educación Secundaria suele reducir la brecha

---

[50] Hay que precisar que las autoras conjuntas del libro son tanto Trovato como Folchi, pero no todos los capítulos están escritos por las dos.

[51] Recordamos la alusión que hemos hecho en el capítulo 5 a Snoddon y Weber (2021). En este libro se hace referencia a que, en los últimos años, la cirugía masiva de los implantes ha perjudicado también a este alumnado en los países nórdicos al detectarse la presencia del semilingüismo.

laboral en 16-17%; con ello se demuestra que la desventaja es evidente para la población sorda en España, según los datos aportados por estas autoras.

Se observa entonces que hay países en Europa, entre ellos España, en los que es justificado atribuir la responsabilidad de las desigualdades educativas de las personas sordas a los profesionales oyentes. En nuestro contexto, si no se consigue revertir esta situación en el corto plazo, las personas sordas seguirán sin ser ciudadanas de pleno derecho.

CAPÍTULO 8

LA RESPONSABILIDAD DE LA PRIVACIÓN LINGÜÍSTICA

En 2018, las asociaciones de familias en defensa del bilingüismo intermodal nos plantearon sus quejas ante la situación de deterioro personal y educativo de buena parte del alumnado sordo implantado. Por esta razón, decidimos iniciar una investigación sobre los diferentes casos de los que íbamos recibiendo información. Tal como se ha explicado más arriba, algunos de los mismos eran de privación lingüística severa. Sin embargo, a partir de aquí, el goteo de nuevos ejemplos ha sido continuo, no solamente en Galicia y Cataluña, las comunidades que conocemos más, sino en otras comunidades autónomas.

La búsqueda bibliográfica internacional sobre el tema de la privación lingüística ha revelado también que en los últimos años se ha empezado a considerar como un hecho grave tras constatar que la cirugía de los implantes no está beneficiando a todos los individuos sordos por igual. El semilingüismo se ha generalizado en buena parte del alumnado sordo escolarizado en el modelo de inclusión por haberse prescindido de la lengua de signos en los primeros años de su acceso al sistema educativo. Y transferir a estos alumnos al modelo bilingüe tardíamente supone ya reconocer su incapacidad para adquirir esta lengua de forma nativa; como consecuencia, es inevitable la aparición de los síntomas asociados a la privación lingüística.

En este deterioro del alumnado sordo, una responsabilidad importante le corresponde sin duda a la clase médica que ha considerado, sin atender al principio de precaución, que era fácil convertir a los sordos en oyentes. Además, como ya se ha explicado estos profesionales han prescindido de la dimensión lingüística e integral del problema y han confundido la facultad del lenguaje con la adquisición de la lengua oral. Sin embargo, consideramos que la principal asunción de responsabilidades tiene que recaer en los responsables educativos de la discapacidad auditiva. Han recibido formación en Psicología evolutiva y en Lingüística, con obligación también de actualizarse en las nuevas teorías psicolingüísticas. Por tanto, con esta formación actualizada, primero, tendrían que haber advertido las consecuencias tan graves que iban a producirse en los niños y jóvenes sordos por no acceder a una lengua primera desde los primeros años de vida. Y, segundo, tendrían que haber desarrollado una posición autónoma y más integral respecto a la clase médica, tal como se espera de quienes trabajan en el ámbito educativo.

¿Cómo ha sido posible una actitud tan poco crítica en estas dos últimas décadas por parte de los médicos y de los responsables educativos, y no haber sido conscientes de que se estaban produciendo casos continuos de privación en los niños implantados?

Trovato y Folchi (2022) aluden precisamente a esta responsabilidad doble tanto de la clase médica como de los profesionales de la discapacidad auditiva. Los primeros –indican– están protegidos por su prestigio social; la sociedad sabe que los necesita a pesar de puedan cometer errores. Pero esto no sucede con los segundos; en España, estos profesionales incluyen, como ya se ha indicado, a logopedas, maestras de Audición y Lenguaje y quizás también psicopedagogas. Cuando las familias sean realmente conscientes de las consecuencias que la privación ha causado en sus hijos por no haber estado bien informadas, es de esperar que les atribuyan la responsabilidad de lo sucedido. En este caso, las repercusiones administrativas e incluso legales empezarán a ser indagadas por estas familias porque, como ya hemos explicado, en la mayoría de los casos el aislamiento comunicativo al que se ha sometido a sus hijos se hará visible, e irreversible en sus efectos, cuando estos niños sean jóvenes y luego adultos.

Conviene recordar, prosiguen Trovato y Folchi, que en la atención educativa no es el niño sordo quien debe adaptarse a los profesionales, sino que son estos los que deberían responder adecuadamente a sus necesidades educativas. El punto central es que el interés de estos profesionales coincida ampliamente con su adecuado desarrollo. Dotar al niño sordo de la red de seguridad que proporciona la lengua de signos a lo largo de su etapa escolar supondría una gran ventaja para la calidad del trabajo de estos profesionales; además de ser el recurso más barato para las familias y para la administración educativa en el caso de que los implantes no den el resultado esperado.

De esta forma, en lugar de seguir sin cuestionar el dictado de los otorrinos, los responsables de la discapacidad auditiva en los departamentos de educación necesitan adoptar una posición propia en beneficio del desarrollo integral del alumnado sordo. Es lo que sucede en un país como Suiza, tal como aluden Trovato y Folchi al referirse al testimonio de un investigador sordo que trabaja en esta línea:

> En un país como Suiza, es la educación especial la que decide y coordina cómo abordar a la persona sorda, y no los médicos. Al utilizar únicamente la perspectiva

médica se corre el riesgo de centrar la atención en el aspecto sensorial del oído, perdiendo de vista la cognición y la dimensión psicológica relacionada con la identidad. ¿Cómo se siente esta persona? ¿Se siente a gusto consigo misma? La sordera, nos dicen los datos, puede asociarse con problemas de salud mental, con dificultades de crecimiento. Uno puede tener un implante coclear, pero si la persona sigue siendo frágil, incapaz de planificar su trayectoria vital, los resultados pueden no ser tan eficaces. Una trayectoria equilibrada de crecimiento debe tener en cuenta la percepción sensorial, el sistema cognitivo, la dimensión de la identidad… (Francesco Pavani, citado por Trovato y Folchi 2022, p. 331).

La educación integral que defienden estos investigadores, y que coincide también con la posición que venimos desarrollando en este trabajo, está en consonancia con los informes de los organismos internacionales sobre la discapacidad, un aspecto que también recuerda la Federación Mundial de Sordos (WFD). En este punto, nos parece importante referirnos a continuación a los aspectos más relevantes que se recogen en el informe de la ONU sobre el derecho de las personas con discapacidad a una educación inclusiva (2016); a partir de aquí compararemos estos objetivos con el modelo inclusivo desarrollado mayoritariamente en nuestro sistema educativo.

8.1. El derecho a una educación inclusiva de calidad (ONU 2016)

En el documento mencionado se comienza planteando este derecho en los siguientes términos:

[1] Los Estados partes deben velar por que las personas con discapacidad puedan ejercer su derecho a la educación mediante un sistema de educación inclusiva a todos los niveles, que incluya los ciclos educativos de preescolar, primaria, secundaria y superior, la formación profesional y la enseñanza a lo largo de la vida, y las actividades extraescolares y sociales, y para todos los alumnos, incluidas las personas con discapacidad, sin discriminación y en igualdad de condiciones con las demás (art. 13).

Como ya se viene explicando, la educación inclusiva de un alumno sordo aislado en una clase con el resto de oyentes es exclusión porque no se comunica con sus compañeros de forma natural, como lo hacen los oyentes; solo lo hace a través de un intérprete o mediador, si es que lo tiene en horario completo. Es pues un trato discriminatorio respecto a sus compañeros oyentes, porque como indican Humphries et al. (2023, 11) nada puede reemplazar a la comunicación directa, cara a cara. Asimismo, la inmensa mayoría del alumnado sordo no adquiere una lengua natural en la etapa de Educación Infantil (preescolar), sino solamente recibe *input* de la lengua oral y no llega a adquirirla de forma completa ni en el caso de que su implante funcione plenamente. El aislamiento comunicativo es casi la norma general en estos tres primeros años de su vida; para la mayoría será un retraso comunicativo y cognitivo difícil de recuperar.

El documento de la ONU continúa en los siguientes términos:

> [2] La inclusión implica un proceso de reforma sistémica que conlleva cambios y modificaciones en el contenido, los métodos de enseñanza, los enfoques, las estructuras y las estrategias de la educación para superar los obstáculos con la visión de que todos los alumnos de los grupos de edad pertinentes tengan una experiencia de aprendizaje equitativa y participativa y el entorno que mejor corresponda a sus necesidades y preferencias (art. 11).

En la mayoría de los casos, las familias no pueden elegir la educación bilingüe (en centros de educación bilingüe o en agrupaciones de alumnado sordo en la modalidad bilingüe en centros ordinarios) porque no existe esta modalidad educativa en su entorno. Como ya se ha comentado arriba, otras familias deciden realizar cada día un trayecto largo en coche privado o transporte público para optar a una educación bilingüe; incluso otras se convierten en desplazados educativos al cambiar su residencia (a veces con ello, la familia se tiene que dividir por motivos de trabajo).

> [3] La inclusión de los alumnos con discapacidad en las clases convencionales sin los consiguientes cambios estructurales, por ejemplo, en la organización, los planes de estudios y las estrategias de enseñanza y aprendizaje, no constituye inclusión. Además, la integración no garantiza automáticamente la transición de la segregación a la inclusión (art. 11).

Ya tenemos claro que la inclusión es en la mayoría de los casos exclusión porque el alumno sordo no desarrolla sus habilidades lingüísticas en una lengua natural. A ello se une la segregación ya mencionada: el alumnado sordo signante separado de los niños sordos implantados con modalidad oral, no solo en clases distintas sino en diferentes centros. Ello hace que el grupo del alumnado sordo sea tan pequeño que apenas puedan tener amigos suficientes para desarrollar sus capacidades sociales, comunicándose en la lengua que ellos espontáneamente quieran. Incluso esto sucede en aulas de modalidad considerada bilingüe: en el centro Tres Pins de Barcelona, en dos cursos de los últimos años un alumno sordo ha estado solo en su clase sin compañeros sordos (solo oyentes) y en la mayoría del horario escolar con adaptaciones individuales fuera del aula (según el testimonio de la madre). Se ha incumplido así uno de los requisitos más importantes del bilingüismo intermodal: la socialización de un alumno sordo con sus pares sordos dentro del aula para desarrollar su competencia comunicativa en igualdad con el grupo de oyentes.

[4] La inclusión [supone] un 'entorno educativo integral'… La educación inclusiva ofrece planes de estudio flexibles y métodos de enseñanza y aprendizaje adaptados a las diferentes capacidades, necesidades y estilos de aprendizaje. Este enfoque conlleva prestar apoyo, realizar ajustes razonables e intervenir a una edad temprana a fin de que todos los alumnos puedan desarrollar su potencial (art. 12, c).

La educación integral del alumnado sordo parte del supuesto de que la discapacidad sensorial no es idéntica al resto de discapacidades porque la evolución humana les ha provisto de una lengua natural equiparable a la lengua oral; de esta forma, no son discapacitados psíquicos si se les provee de un *input* signado completo desde su nacimiento. Los lingüistas ya no dudan de que las lenguas de signos son sistemas de comunicación completos, por ello han promovido su reconocimiento por los organismos de derechos humanos, también lo han hecho la Unión Europea y el Parlamento español. En consecuencia, la educación del alumnado sordo tiene que realizarse siguiendo la propuesta plurilingüe, en sí mismo flexible, del Marco Europeo de referencia para la enseñanza de lenguas (el Marco, en adelante), de forma similar a como se hace para el alumnado oyente. No puede discriminarse al alumnado sordo excluyendo el bilingüismo en su educación para optar por un método inclusivo *ad hoc*, rehabilitador, que solo beneficia a la ideología oralista. Así lo defienden también Trovato y Folchi:

Los niños sordos solo adquieren la lengua de signos, la lengua hablada necesita logopedia, incluso en presencia de un implante coclear. Los niños sordos están perfectamente dotados por la naturaleza de capacidades lingüísticas innatas para adquirir una lengua cuyo *input* les sea accesible. Entonces, ¿por qué multiplicar esfuerzos y recursos que son menos eficaces que los naturales, en lugar de dirigirlos a otros ámbitos, donde pueden sean más necesarios? Dejemos que la naturaleza haga su parte, y que los niños sordos adquieran su primera lengua espontáneamente, como cualquier otro niño pequeño" (2022, p. 17).

El modelo más natural para el niño sordo es el bilingüismo que parte de la lengua de signos como L1 y la lengua oral simultánea, pero como L2. Es además el más rentable en términos de presupuesto educativo para un país, volvemos a reiterar, aunque no es el defendido por la ideología oralista. Más adelante explicaremos detalladamente este modelo bilingüe siguiendo las pautas del Marco, modelo que defendemos también para el alumnado sordociego, como explicaremos en su momento.

El documento de la ONU continúa detallando su propuesta de la siguiente forma:

[5] El apoyo al personal docente: todos los maestros y demás personal reciben la educación y la formación necesarias con el fin de adquirir los valores y las competencias básicas para adaptarse a entornos de aprendizaje inclusivos, que incluyen a maestros con discapacidad (art. 12, d).

Otro de los pilares del bilingüismo intermodal, siguiendo lo manifestado en esta cita, es la inclusión en el sistema educativo bilingüe de maestros (o asesores lingüísticos) sordos signantes, para que puedan ejercer de modelos nativos, así como de modelos culturales en el desarrollo lingüístico y psicosocial del alumnado sordo. Es otro de los puntos en desacuerdo con los hasta ahora responsables del modelo oralista en España; de hecho, así se observa en el decreto del Ministerio de Educación que regula la etapa de la Educación Infantil (documento que analizaremos en el capítulo 9).[52]

Como ejemplo concreto recogido en nuestra investigación, es relevante mencionar que este ha sido el punto de desacuerdo más importante en el desarrollo del modelo bilingüe en la escuela infantil Forestier en Barcelona (mencionada arriba), al no haber aceptado hasta el momento los responsables del programa (tanto desde el Ayuntamiento como desde el CREDA de Barcelona) la contratación de una maestra sorda. Desde la perspectiva bilingüe, se trata de un aspecto imprescindible, defendido además, como hemos visto en la cita anterior, desde el enfoque de derechos de este documento de la ONU: es el reconocimiento de la importancia de una L1 natural en el desarrollo integral de todo individuo.

[6] La educación de las personas con discapacidad se centra con demasiada frecuencia en una perspectiva de déficit.

Las personas sordas y con dificultades auditivas deben tener la oportunidad de aprender la lengua de señas y se deben adoptar medidas para reconocer y promover la identidad lingüística de la comunidad sorda.

Los alumnos ciegos, sordos o sordociegos deben contar con una enseñanza que se imparta en los lenguajes y los modos y medios de comunicación más apropiados para la persona y en entornos que permitan alcanzar su máximo desarrollo personal, académico y social, tanto en los entornos escolares formales como informales.

En todas las actividades relacionadas con los niños y las niñas con discapacidad, una consideración primordial será la protección del interés superior del niño. El concepto del interés superior tiene por objeto garantizar el disfrute pleno y efectivo de todos los derechos y el desarrollo holístico del niño (art. 16).

En lugar de la perspectiva enfocada en la rehabilitación exclusiva de la audición (el déficit auditivo), desde el enfoque de los derechos humanos la educación

---

[52] También aludiremos más adelante al Reglamento de la LSE, aprobado en julio de 2023.

integral de este colectivo pasa necesariamente por la inclusión de la lengua de signos como lengua vehicular en la interacción comunicativa del centro y en la transmisión de conocimientos desde el primer año, aunque sin perjuicio del desarrollo de la lengua oral o las lenguas orales de la comunidad. Desde la Lingüística y la Psicolingüística, el bilingüismo es compatible con las prótesis auditivas y pueden ser opciones simultáneas en la educación de cualquier individuo sordo y sordociego, porque el objetivo es el desarrollo de la facultad del lenguaje desde el primer momento de la vida. Es un error de la ideología oralista creer que hay incompatibilidad, como ya se ha explicado previamente.[53]

Asimismo, los casos empíricos ya aludidos de que hay ya individuos sordos implantados y signantes, tanto con un buen nivel de recuperación de la audición como con un nivel nativo de lengua de signos, son la mejor contraargumentación a este error científico. El bilingüismo intermodal es el primer antídoto contra la privación lingüística, sobre todo partiendo del hecho demostrado de que la tasa de éxito de los implantes no es tan elevado como se viene afirmando desde los otorrinos y los logopedas.

> [7] La educación inclusiva de calidad debe preparar a las personas con discapacidad para la vida laboral mediante la adquisición de los conocimientos, las aptitudes y la confianza necesarios para participar en el mercado abierto de trabajo y en un entorno laboral abierto, inclusivo y accesible…
>
> La responsabilidad de la educación de las personas con discapacidad en todos los niveles, así como de la educación de las demás personas, debe recaer en el ministerio de educación. En muchos países, la educación de las personas con discapacidad está marginada en el ministerio de bienestar social o el de salud, lo que ha dado lugar, entre otras cosas, a que quede excluida de la legislación, las políticas, la planificación y la asignación de recursos generales en materia de educación, a que la educación de las personas con discapacidad disponga de unos niveles más bajos de inversión *per capita*, a que la educación inclusiva carezca de estructuras globales y coherentes de apoyo, a que no exista una recopilación de datos integrada sobre la matriculación, la permanencia y los resultados, y a que el profesorado no reciba formación en educación inclusiva. Es urgente que los Estados partes adopten medidas para que la competencia de la educación de los alumnos con discapacidad recaiga en el ministerio de educación (art. 56 y 60).

Esta alusión final del documento de la ONU al menor rendimiento educativo del alumnado con discapacidad recuerda lo que se ha indicado en capítulos anteriores: al comparar distintos países europeos los resultados educativos de la población sorda, España muestra gran desigualdad respecto a los sujetos oyentes; recordemos que en

---

[53] Otro estudio reciente sobre ello es el de Pontecorvo et al. (2023), en el que demuestran cómo en el acceso al léxico el individuo sordo bilingüe puede alcanzar el mismo nivel que el oyente.

el año 2011 la diferencia en nuestro país entre los individuos oyentes y los sordos con el título de Educación Primaria era de veinte puntos (Trovato y Folchi 2022). Por los datos que venimos recogiendo desde 2018, creemos que la situación apenas ha mejorado en la última década; por ello, se trata de un aspecto que precisa una profunda revisión. Asimismo, se hace necesaria la renovación de los responsables de la discapacidad auditiva en muchas comunidades autónomas; en la actualidad, la mayoría de ellos tienen una visión exclusivamente oralista y rehabilitadora.

Por tanto, a pesar de que en España la discapacidad auditiva depende de los departamentos de educación en los distintos gobiernos regionales, en consonancia así con el documento de la ONU, tampoco supone un gran avance si, como se viene afirmando, la mayoría de estos profesionales tienen una formación exclusivamente médica; y, en muy pocos casos, una visión integral y educativamente autónoma. A ello hay que añadir también las directrices generales tan poco claras proporcionadas por el Ministerio de Educación en la legislación aprobada en los últimos años, aspecto en el que nos centraremos en el próximo capítulo.

CAPÍTULO 9

LA POSICIÓN DEL MINISTERIO DE EDUCACIÓN

Desde 2018, además de contactos con los responsables de la discapacidad auditiva en los departamentos de educación de algunos gobiernos regionales (las distintas comunidades autónomas), empezamos también a realizar reuniones diversas con responsables del Ministerio de Educación para explicar el tema de la privación lingüística. Aunque las competencias en el ámbito educativo no son estatales, sino de estas comunidades autónomas, al Ministerio de Educación le compete la supervisión de los objetivos educativos y la legislación estatal en coordinación con los responsables educativos regionales. En la legislatura última, el gobierno de coalición entre dos partidos de izquierdas, el Partido Socialista (PSOE) y Unidas Podemos (UP), aprobó una reforma de la ley educativa, denominada LOMLOE (publicada en el BOE 30 de diciembre de 2020), y posteriormente varios decretos sobre el currículum de las diferentes etapas educativas. Unas semanas antes de las últimas elecciones generales (el 23 de julio de 2023), se aprobó el reglamento que regula el uso de la lengua de signos española, al cual nos referiremos al final de este trabajo, como colofón y reflexión final de toda la aportación legislativa de los cuatro años mencionados.

Analizando los apartados relativos a la discapacidad auditiva, la última ley educativa apenas supone avance respecto a la ley anterior, aunque explícitamente se indica que el documento tiene como objetivo la inclusión educativa en consonancia con la Convención de la ONU sobre los Derechos de las Personas con Discapacidad (LOMLOE, p. 122872). En el artículo 71.2, se indica lo siguiente:

Corresponde a las Administraciones educativas asegurar los recursos necesarios para que los alumnos y alumnas que requieran una atención educativa diferente a la ordinaria, por presentar necesidades educativas especiales, por retraso madurativo, por trastornos del desarrollo del lenguaje y la comunicación… puedan alcanzar el máximo desarrollo posible de sus capacidades personales y, en todo caso, los objetivos establecidos con carácter general para todo el alumnado.

Y en el Artículo 75.2 se añade además la siguiente afirmación:

Con objeto de reforzar la inclusión educativa, las administraciones educativas podrán incorporar a su oferta educativa las lenguas de signos españolas.

Como se observa, la discapacidad sensorial no se menciona como un tipo diferenciado, sino en el apartado del alumnado que requiere una atención educativa diferente. Suponemos que entraría en la categoría denominada "los trastornos del desarrollo del lenguaje y la comunicación". Para ello, la ley posibilita el uso opcional de las lenguas de signos: "podrán incorporar…", pero como refuerzo de la inclusión educativa, no como el derecho reconocido en el texto de la ONU, el cual volvemos a recuperar:

Las personas sordas y con dificultades auditivas deben tener la oportunidad de aprender la lengua de señas y se deben adoptar medidas para reconocer y promover la identidad lingüística de la comunidad sorda.

Los alumnos ciegos, sordos o sordociegos deben contar con una enseñanza que se imparta en los lenguajes y los modos y medios de comunicación más apropiados para la persona…

La diferencia en la redacción de los dos documentos es bien evidente; frente al uso del futuro de posibilidad "*podrán* incorporar… las lenguas de signos" en la ley española, el documento de la ONU utiliza el verbo modal de obligación (señalado en cursiva): "Las personas sordas… *deben* tener la oportunidad de aprender la lengua de señas" y "se *deben* adoptar medidas para reconocer y promover la identidad lingüística de la comunidad sorda". La lengua de signos no es para la ONU un simple refuerzo educativo, como se indica en la LOMLOE, sino un derecho de las personas sordas, miembros de una comunidad cultural. Además, frente al uso genérico en la ley española de "trastornos del desarrollo del lenguaje y la comunicación", en el documento de la ONU se alude de forma concreta a cada uno de los colectivos que corresponden a la discapacidad sensorial: "alumnos ciegos, sordos y sordociegos". Por tanto, la comparación de estos dos textos muestra que el Ministerio de Educación aún necesita actualizar mejor la ley educativa aprobada para acercarla a los tratados que ha firmado.

Posteriormente a la publicación oficial de esta última ley, se aprobaron en 2022 dos decretos sobre las enseñanzas mínimas tanto en Educación Infantil como en Educación Primaria. Nos parece también relevante analizar el contenido de los mismos en relación con el tema que nos ocupa.

El primero es el Real Decreto 95/2022 por el que se establece la ordenación y las enseñanzas mínimas de la Educación Infantil (BOE 2 de febrero de 2022). Se propone una formación integral de la infancia desde el nacimiento hasta los seis años de edad, con el fin de contribuir al desarrollo armónico del alumnado en todas sus dimensiones: física, emocional, sexual, afectiva, social, cognitiva y artística, potenciando la autonomía personal y la creación de una imagen positiva y equilibrada de sí mismos (art. 4). Para conseguir este objetivo, la práctica educativa en esta etapa buscará desarrollar y asentar progresivamente las bases que faciliten el máximo desarrollo de cada niño y cada niña (art. 6). En concreto, se afirma que buscará el desarrollo de las manifestaciones de la comunicación y del lenguaje, y de las pautas elementales de convivencia y relación social (art. 6.3).

Se indica también que una de las áreas de esta etapa es la Comunicación y Representación de la Realidad (art. 8.2), concretada en la competencia en comunicación lingüística y competencia plurilingüe (Anexo I). En particular, sobre la discapacidad se indica lo siguiente:

[P]ara asegurar el bienestar emocional y fomentar la inclusión social del alumnado con discapacidad, se garantizará la interacción con los iguales en el desarrollo de dichas actividades. De la misma manera, se tendrán en cuenta las posibles necesidades específicas en lo relativo a la comunicación y el lenguaje del alumnado con discapacidad" (p. 14570).

Lo que se observa hasta aquí es que el texto resalta que uno de los aspectos clave en esta etapa infantil, para todo el alumnado, será el desarrollo comunicativo para conseguir a su vez el desarrollo psicosocial, cognitivo y de acceso al conocimiento, de manera plena; así entendemos lo que significa el término de "formación integral" al que explícitamente se alude. Asimismo, en el apartado de saberes básicos, se menciona la "discapacidad sensorial" (pág. 14580), pero sin hacer ninguna mención explícita a los términos usados en el documento de la ONU: "ciego, sordo y sordociego"; una ausencia que nos parece importante de resaltar.

El problema aparece cuando el documento se refiere a la solución concreta para abordar las necesidades del alumnado con discapacidad; vuelve a repetir lo que se indicaba en la LOMLOE (art. 75.2): "Las administraciones educativas podrán incorporar a su oferta educativa las lenguas de signos españolas" (art. 13.6); es decir, el uso opcional de la lengua de signos. Tampoco se hace mención a la lengua de signos apoyada del colectivo sordociego, otra ausencia importante.

La pregunta que surge tras esta última cita es la siguiente: cómo puede adquirir un alumno sordo y/o sordociego, entre 0-6 años, una formación integral y el conjunto de competencias tan amplia que se detallan en el decreto sin una lengua primera adquirida de manera natural. Si el Real Decreto vuelve a incluir la opcionalidad de la lengua de signos, como lo hace también la LOMLOE, creemos que se continúa con la discriminación del alumnado sordo y sordociego respecto al oyente, porque no se aborda con claridad cuál es el problema comunicativo real que impide la formación integral de estos alumnos y que les produce la privación lingüística ya mencionada.

Un niño o niña sordo y/o sordociego solo pueden adquirir las competencias detalladas en el Decreto si se les provee de una lengua natural desde la infancia. En muy pocos casos, en la etapa 0-6, la lengua oral puede ser la lengua natural o la lengua primera de estos discapacitados sensoriales. En el caso de que el implante fuera exitoso, los resultados positivos tras la rehabilitación de la audición no se consiguen hasta como mínimo dos años después de la cirugía. A esa edad, pues, la lengua natural del individuo sordo y sordociego solamente podrá ser la lengua de signos y la lengua de signos apoyada, respectivamente.

El texto de la ONU lo deja bien claro, pero los documentos legales del Ministerio han pasado por alto este hecho. Esta omisión se hace evidente si continuamos con el análisis del decreto que nos ocupa, el de la Educación Infantil, al prescindir del papel de la lengua de signos en igualdad con la lengua oral, como luego se hace en el Real Decreto sobre la Educación Primaria (que analizaremos posteriormente). Seleccionamos los fragmentos en los que se hace alusión a los términos oral y gesto (la cursiva está en el original):[54]

Competencia en comunicación lingüística

En Educación Infantil se potencian intercambios comunicativos respetuosos con otros niños y niñas y con las personas adultas… Además, la *oralidad* tiene un papel destacado en esta etapa no solo por ser el principal instrumento para la comunicación, la expresión y la regulación de la conducta, sino también porque es el vehículo principal que permite a niños y niñas disfrutar de un primer acercamiento a la cultura literaria a través de las rimas, retahílas, adivinanzas y cuentos, que enriquecerán su bagaje sociocultural y lingüístico desde el respeto de la diversidad (pág. 14571).

La *oralidad* es el instrumento por excelencia para la comunicación, la expresión de vivencias, sentimientos, ideas y emociones, así como el aprendizaje y la regulación de la conducta. Por ello, su adquisición y desarrollo ocupa un lugar de especial relevancia en esta etapa. La *lengua oral* se irá estimulando a través de la

---

[54] Aquí solamente mencionaremos algunos fragmentos de los textos legales, su análisis completo puede consultarse en la Newsletter 9, 33, 2023 en www.bilinsig.org/newsletter/

mediación con la persona adulta, quien proporcionará modelos y dará sentido a las diversas interacciones, favoreciendo el acceso progresivo a formas y usos cada vez más complejos, incluidos *algunos elementos* de la *comunicación no verbal* (pág. 14587).

En esta etapa educativa se inicia también el acercamiento a la literatura infantil como fuente de disfrute y se empieza a tejer, desde la *escucha* en el contexto cotidiano de las primeras nanas, canciones de arrullo y cuentos, un vínculo emocional y lúdico con los textos literarios. Es la etapa de la *literatura oral* por excelencia: rimas, retahílas, folclore…" (p. 14587).

En este texto, se identifica el desarrollo de la facultad del lenguaje con la lengua oral. A esta la consideran el instrumento por excelencia para el desarrollo de la interacción comunicativa (la función socializadora del lenguaje, según Vygotsky), pero también para la expresión y regulación de la conducta (el desarrollo del pensamiento, también según Vygotsky) y para la manifestación de la cultura a través de los textos literarios. Cuando se menciona el componente no verbal, el texto se está refiriendo al paralenguaje (entonación, prosodia, etc.) y a los gestos diversos que acompañan a la oralidad.

Por tanto, en el decreto sobre la Educación Infantil se prescinde de la lengua de signos como manifestación natural de la facultad de lenguaje a la par que las lenguas orales, incumpliéndose el mandato legal de los documentos internacionales de derechos de las personas con discapacidad que el Estado español ha firmado; tampoco se respeta con ello el principio del plurilingüismo del Marco porque las lenguas de signos son lenguas reconocidas por la Unión Europea; ni se tiene en cuenta la ley estatal 27/2007 por la que se reconoce las lenguas de signos españolas y el derecho de las familias a escoger el modelo bilingüe para sus hijos sordos y sordociegos. Además, desde el punto de vista científico, en el texto se produce una regresión a las teorías psicolingüísticas de los años sesenta cuando aún no se reconocían las lenguas de signos como lenguas humanas, sino como códigos restringidos de comunicación, y la lengua oral era consideraba como la única lengua posible para el desarrollo de la facultad del lenguaje. Es decir, el Ministerio se está presentando en este texto legal como una institución estatal que está al margen de los avances científicos en las disciplinas lingüísticas, psicolingüísticas y neurolingüísticas.

El resto del documento sigue desarrollando esta misma idea: en la etapa de la Educación Infantil no hay más que espacio para la oralidad, tanto en la comunicación de los alumnos con los adultos, como entre ellos y en la expresión de la literatura oral. Los gestos y la expresión corporal son los de la lengua oral (p. 14588-14590). Igualmente aparece la mención a la oralidad en el apartado de los saberes básicos, en donde incluso se alude a "la percepción auditiva", "la escucha activa" (p. 14591), "la discriminación auditiva" y "la conciencia fonológica" (p. 14593). En la página 14589, ya se habían referido a la prosodia también.

Un mes más tarde de la publicación de este decreto, se aprueba un segundo, el Real Decreto 157/2022, de 1 de marzo (BOE 2 de marzo de 2022), por el que se establecen la ordenación y las enseñanzas mínimas de la etapa educativa siguiente, la de la Educación Primaria (6-12 años). En cuanto al tema de las lenguas de signos, repite de nuevo lo afirmado por la LOMLOE, pero la novedad se encuentra cuando define en qué consiste una de las competencias básicas del currículum:

Competencia en comunicación lingüística (CCL)

> La competencia en comunicación lingüística supone interactuar de forma *oral*, escrita, *signada* o multimodal de manera coherente y adecuada en diferentes ámbitos y contextos y con diferentes propósitos comunicativos. Implica movilizar, de manera consciente, el conjunto de conocimientos, destrezas y actitudes que permiten comprender, interpretar y valorar críticamente *mensajes orales*, escritos, *signados* o multimodales evitando los riesgos de manipulación y desinformación, así como comunicarse eficazmente con otras personas de manera cooperativa, creativa, ética y respetuosa.
>
> La competencia en comunicación lingüística constituye la base para el pensamiento propio y para la construcción del conocimiento en todos los ámbitos del saber. Por ello, su desarrollo está vinculado a la reflexión explícita acerca del funcionamiento de la lengua en los géneros discursivos específicos de cada área de conocimiento, así como a los usos de la *oralidad*, la escritura o la *signación* para pensar y para aprender. Por último, hace posible apreciar la dimensión estética del *lenguaje* y disfrutar de la *cultura literaria* (p. 24404).

Los profesionales que han redactado este segundo Real Decreto evidencian un conocimiento científico más actual porque ya no confunden facultad del lenguaje con lengua oral, sino que expresan bien lo que en la comunidad de lingüistas y disciplinas afines se está de acuerdo: hay dos tipos de lenguas humanas, las orales y las de signos (las lenguas de signos apoyadas son una variante de este grupo), y los dos tipos son expresión de la facultad del lenguaje. Y además se reconoce explícitamente que con estas lenguas se piensa, se aprende en la escuela y se construye la cultura literaria: "… la oralidad, la escritura o la signación para pensar y para aprender. Por último, hace posible apreciar la dimensión estética del lenguaje y disfrutar de la cultura literaria". Es decir, con los dos tipos de lenguas se consiguen de forma plena todas las funciones del lenguaje que el niño o niña necesita para ser una persona plena.

En la parte de los descriptores básicos de esta CCL, se menciona también que, en la evaluación final de la Educación Primaria y al completar su enseñanza básica, el alumno o alumna tendrá que expresarse y comprender mensajes tanto orales como signados, también escritos y multimodales (p. 24405). Además, en el apartado en el que desarrollan la competencia plurilingüe (CP), se hace referencia expresa a la existencia tanto de distintas lenguas orales como de distintas lenguas signadas (p. 24406). Una afirmación que coincide también con la evidencia científica.

En la conclusión ya de este capítulo, solo nos queda aludir a nuestra interpretación final de lo poco ambiciosa que ha sido la LOMLOE para el reconocimiento de la discapacidad sensorial, así como de la gran incongruencia científica al comparar los dos decretos posteriores.

Con todo, la investigación etnográfica que llevamos realizando desde 2018 evidencia más bien que esta incongruencia no parece casual. El Real Decreto sobre la Educación Infantil está mostrando implícitamente su defensa y su completo alineamiento con la ideología que denominamos neooralismo, incluso atreviéndose a incumplir los estándares científicos internacionales y los documentos de la ONU sobre los derechos humanos firmados por el mismo Gobierno español.

Para los responsables del Ministerio de Educación, no tiene cabida la lengua de signos en la etapa 0-6 años de la educación del niño sordo y/o sordociego porque es el periodo en el que los profesionales han decidido que quede reservada para los implantes cocleares. Ningún profesional educativo puede salirse de este guion, con lo cual están obligando también a las familias a no hacerlo si no quieren correr el riesgo de incurrir en procedimientos legales, como se analizará en el siguiente capítulo.

Capítulo 10

El dilema de las familias ante un hijo sordo

La investigación de los últimos años nos ha permitido conocer la oferta educativa del bilingüismo intermodal, tanto desde la perspectiva de sus profesionales como desde las familias con hijos sordos defensoras de esta modalidad; principalmente, esta colaboración ha sido más estrecha con las familias de Galicia y Cataluña, aunque desde ellas hemos tenido acceso a otras del resto de comunidades autónomas.

Esta relación nos ha dado también la oportunidad de acompañarlas en sus reuniones con responsables diversos de las administraciones educativas, portavoces de los partidos políticos y distintos defensores del pueblo. En esta nueva etapa empírica íbamos constatando cómo en las administraciones educativas los técnicos responsables de los diferentes departamentos a veces mostraban una actitud reticente a cualquier renovación posible; y, en cuanto a los portavoces de los distintos grupos políticos, en el caso de que fueran favorables a nuestra propuesta, manifestaban su dificultad para presentar propuestas nuevas sin la aprobación de estos técnicos. El cambio para la implementación del modelo bilingüe no iba a ser, por tanto, nada fácil tal como se explicará en el resto del capítulo.

En los primeros momentos de la detección de la sordera, el mensaje que las familias escuchan en los hospitales es algo así como el siguiente:

Los primeros años de la vida son esenciales para informar al cerebro a través de la vista y de la audición. Es muy importante detectar las sorderas, sobre todo cuando son severas y tempranas... En cambio, ahora al niño le podremos dar audición y se desarrollará con normalidad; estará en clase con los demás niños, hará una vida prácticamente normal y podrá olvidar que lleva un implante coclear. Por supuesto, la sordera no deja de ser un problema, pero un problema que tiene un tratamiento. Otras patologías no pueden decirlo igual.[55]

Es un mensaje de éxito de esta cirugía que proponen a las familias de un hijo sordo: su hijo podrá hacer una vida completamente normal porque la tecnología ha avanzado mucho. A cambio, según el testimonio de las mismas familias, sabemos que les suelen poner dos condiciones para conseguir el éxito prometido: 1) no utilizar la lengua de lengua de signos porque perjudicará el desarrollo de la audición; y 2) ser muy constantes tras el implante en la rehabilitación de la lengua oral; cuanto más esfuerzo en este objetivo más éxito. Hay familias que explican que incluso la recomendación de no usar la lengua de signos no es solo un consejo oral de su otorrino, sino que es una condición incluida en el consentimiento que tienen que firmar previo a la cirugía.

Las familias que han seguido este requisito y tienen la suerte de comprobar cómo el implante ha mejorado la audición de su hijo a veces reaccionan negativamente en contra de quienes les advierten de que este éxito no es tan generalizado. Así respondía una madre en una red social después de leer un artículo en el que se explica qué es la privación lingüística (Morales López 2022):

> Un artículo con mucha información, pero no veo ni una sola mención a la parte de los niños implantados que tienen el mismo desarrollo que los niños normo-oyentes, que están integrados con éxito en las escuelas ordinarias y que aprenden uno o varios idiomas extranjeros.

Quizás esta madre no ha leído el citado artículo con detenimiento, pero en él sí se indica que, según las estadísticas procedentes de Estados Unidos, el 20% de los implantes tienen una respuesta óptima; por tanto, se alude a los casos de éxito, pero también se afirma que para la mayoría no es así, aunque con grados diversos en la recuperación de la audición. El problema es si este supuesto éxito del implante es suficiente para prevenir el semilingüismo y la privación lingüística asociada; es decir, para revertir las consecuencias del aislamiento comunicativo de algunos años en la vida de estos niños. Frente a la crítica realizada por esta primera madre, otra le responde de la siguiente forma:

> Es importante que nosotros como padres y madres conozcamos todas las ventajas y los inconvenientes de los implantes cocleares. Hay algunos profesionales que venden la moto a las familias. Conozco a varios niños cuyos implantes cocleares

---

[55] Opiniones de la Dra. Claveria, http://variacionstematiques.blogspot.com/2011/07/entrevista-la-doctora-antonia-claveria.html [13/02/2021]

no funcionan bien… [E]stoy de acuerdo contigo de que existen personas sordas con un desarrollo bastante normal como muchos de nuestros niños, pero no se da en todos los casos. Es la pura realidad. Por otra parte, a pesar de llevar implantes cocleares, siempre tendrán barreras de comunicación y eso hay que tenerlo en cuenta siempre.

Como se observa, esta segunda madre es más realista y reconoce que hay casos en los que el éxito del implante no es generalizado; e incluso, a pesar de que sus hijos parecen estar en el grupo de los afortunados, reconoce la existencia de barreras comunicativas cuando acceden al mundo oyente.

¿Por qué hay una parte de las familias con hijos sordos que consideran que hay profesionales poco rigurosos y no quieren reconocer los casos de éxito de los implantes? Para ellos, serían reticencias injustificadas frente al éxito que se defiende desde la clase médica y los profesionales de la discapacidad auditiva, y desde las asociaciones de familias en defensa del oralismo y de la tecnología de estas prótesis.

Lo que se defiende desde la ideología oralista coincide también con su objetivo. Lo que más desean unos padres que descubren con sorpresa y con dolor la sordera de su hijo o hija es escuchar a los profesionales decirles que tras la cirugía todo irá bien; solo tendrán que poner esfuerzo, pero el éxito estará asegurado y su hijo será "normal", como todos.

Por el contrario, buena parte de los lingüistas y psicolingüistas son más cautelosos y defienden una posición distinta a lo de estos otros profesionales: a) necesitan aprender lengua de signos para no dejar a su hijo incomunicado en ningún momento de su infancia; b) poner en duda el éxito de los implantes para todos; y c) optar por escolarizar a sus hijos en un programa educativo bilingüe, incluso aunque esta opción a veces esté lejos de sus casas. Se entiende su oposición e incluso su visión negativa de lo que se les propone. Estos lingüistas y psicolingüistas no tienen tanto poder social como los médicos y, por tanto, es lógico que crean a los segundos.

En general, es necesario reconocer que una parte de los niños sordos y sordociegos ha mejorado su audición tras el implante, y con ello también la adquisición de la lengua oral, pero lo importante es alertar de aquellos casos cuya recuperación no es suficiente para la adquisición de la lengua oral antes del fin del periodo crítico. Posterior a esta etapa, como ya se ha explicado en capítulos anteriores, es dudoso que se pueda adquirir una lengua de manera nativa, lo que tiene consecuencias irreversibles en el individuo sordo y el sordociego: son las consecuencias asociadas a la privación lingüística (conductas disruptivas, problemas cognitivos, emocionales, etc.).

Hay un momento en el desarrollo de sus hijos en el que ya no podrán volver atrás. Cuando las familias se dan cuenta del tiempo perdido, acuden a las asociaciones de familias en defensa del bilingüismo y, con gran sinceridad, realizan comentarios como los siguientes: "nos equivocamos", "nos obsesionamos con el oralismo", "nuestro hijo se desespera porque no puede comunicarse", "la lengua de signos nos ha salvado; al menos ahora nos podemos comunicar con nuestro hijo, aunque sea algo tarde"; entre otros similares.

El ejemplo que mostramos a continuación es el testimonio de una familia oyente en su comparecencia en un juicio (sucedido en 2022). Su otorrino de referencia (la doctora que se ha mencionado en el capítulo 4) presentó una denuncia ante la fiscalía de menores porque se negaron a implantar a su hijo de dos años y medio, sordo profundo, con el argumento de la necesidad de completar el proceso de adquisición de la lengua de signos como lengua primera de su hijo. La doctora solicitaba la retirada temporal de la custodia para realizar el implante. Como se ha anticipado, la jueza desestimó la petición considerando que los argumentos de los padres eran convincentes y no estaban desatendiendo el bien del menor.

Por el momento, nos centramos en este capítulo en la argumentación de los padres en dicho juicio; en el capítulo siguiente continuaremos con los argumentos de la doctora (otros ya se han analizado en el capítulo 4), y con los de las profesionales que intervinieron: la fiscal, la abogada defensora de la familia y la jueza en la sentencia. El fragmento seleccionado forma parte de la parte del interrogatorio de la fiscal (lo se ha dividido en dos partes, 1 y 2):[56]

Fragmento 1:

[1] *Fiscal*: ¿Cuál es el motivo por el que ustedes han decidido no intervenir a su hijo?

Madre: Bueno, son varios motivos, pero al final … ahora lo que nos importa es el *bienestar general, completo de nuestro hijo*… hemos visto que el peligro que tiene la sordera es si *no tienen acceso a una lengua completa*, ya no solo para comunicarse, sino para todo su desarrollo. Y, cuando hemos metido en casa lengua de signos y hemos visto cómo él era eso lo que necesitaba, cómo lo usa, cómo ha hecho una gran apertura mental, pues hemos decidido que queríamos poner la energía ahí.

Y, de alguna manera, no nos veíamos preparados para tomar la otra decisión [la del implante en este momento], para asumir también todo el proceso que eso conlleva y entonces simplemente pedimos tiempo. Nosotros le dijimos [a la doctora] queremos un año, queremos poner la energía en esto que estamos haciendo, que vemos que

---

[56] Como ya se ha explicado en el capítulo 4, no se aporta ningún dato contextual de este caso judicial, por lo que el nombre del menor que aparece es ficticio; de hecho, reiteramos, en todos los casos en los que aludimos a menores usamos el género masculino para preservar mejor su identidad. Agradecemos que se nos haya aportado este material tan valioso, que se utiliza únicamente con fines investigadores. El texto es una transcripción de la copia de la grabación del juicio, pero hemos modificado en algún caso puntual la construcción sintáctica para hacerla más comprensible a un público general. Los tres puntos indican que hay partes omitidas y la cursiva es nuestra.

funciona, que vemos que está bien el niño. Y queremos ser conscientes y que sea nuestra decisión.

[2] *Fiscal*: ¿Ustedes saben que la intervención cuanto más éxito es hasta los tres años?

Madre: Eso nos comentan, pero también sabemos de casos implantados a los cuatro y les va bien. Y sabemos de casos implantados de pequeños y que no les ha dado resultado...

Fiscal: Así que ustedes… ¿quieren dar prioridad a la lengua de signos, digamos?

Madre: Eso totalmente y queremos tomar la decisión con más información y estando más seguros".

En el capítulo 4, se han analizado los argumentos de la doctora, defensora de las tesis oralistas: para ella, la única lengua valiosa es la oral. Sin embargo, en la respuesta de la madre a la fiscal se observa que esta defiende, en oposición, la visión lingüística y la psicolingüística para esta etapa de la vida de su hijo. Aporta para ello los dos argumentos básicos de esta posición:

1) el bienestar general y completo de su hijo, tanto desde la posición psicológica como social;
2) y la alusión a que el problema principal de la sordera en la infancia es la falta de acceso de una lengua completa para comunicarse y para desarrollar el pensamiento.

En una pregunta anterior de la fiscal, la madre había puntualizado que entendía que los médicos defendieran su parte, que "en el plano médico no hay otra alternativa", pero que ella como madre defendía que esta no era la única opción posible para la edad de su hijo en este momento. Además, tras los dos argumentos mencionados, aporta un tercero por medio de ejemplos: el cambio que ha producido en su hijo la lengua de signos en el desarrollo de la comunicación y de su apertura mental. Con estos tres argumentos añade la conclusión de su esquema argumentativo: la necesidad de posponer la intervención para dedicar los esfuerzos de la familia a este desarrollo. Es la petición que hicieron a la doctora y a la que ella se opuso; en consecuencia, inició la judicialización del desacuerdo.

La fiscal en [2] recoge en su pregunta el argumento oralista de la importancia de la etapa 0-3 para la cirugía del implante. La madre en su respuesta vuelve a mostrar su bagaje del tema: añade un nuevo argumento por medio de ejemplos, casos de implantes con éxito y sin tanto éxito. Frente al argumento de la doctora que afirmaba que el 95% de los casos implantados por ella eran exitosos y los casos en los que no se debían a otras discapacidades añadidas, la madre aporta otra realidad menos favorable para la etapa 0-3: implantes tempranos que no funcionan bien; una experiencia recogida a través de los testimonios de las familias y de las asociaciones de sordos. Es lo que explica a continuación en la parte [3] del texto siguiente (fragmento 2): "Yo me he movido un montón". Seguimos así con el análisis.

Fragmento 2:

[3] *Fiscal*: ¿Ustedes consideran que cuentan con información suficiente o consideran que se les ha privado de información por parte de la médico…? Es decir, ¿han tomado ustedes la decisión siendo plenamente conscientes de los beneficios y de los perjuicios que le causará a su hijo?

Madre: Yo me he movido un montón…

[4] Fiscal: ¿Ustedes se han informado de las dos posibilidades tanto de lo que supondría la intervención como de lo que supondría no operarle y centrarse en un aprendizaje de la lengua primaria que sería la lengua de signos?

Padre: …. Ante la información que se nos da nosotros buscamos más, leyendo libros, hablando con gente, hemos conocido personas sordas, nos han aportado su experiencia, personas implantadas, personas no implantadas y yo personalmente tenía mucho miedo por su desarrollo y mucho miedo de yo no poder aportarle la lengua de signos; enseguida descubrimos que era básico para él, para su desarrollo cognitivo…

Tanto el implante coclear como la lengua de signos, al final en lo que se centran es en que un niño antes de los 3 años necesita desarrollar un lenguaje para después poder pensar, poder comprender el mundo y poder desarrollarse como persona. En un principio, los médicos nos dijeron que no tener ese lenguaje podía ocasionarle otros retrasos, ¿no? Entonces nos intentamos centrar ahí. Cuando empezamos a probar con la lengua de signos y a aprender lengua de signos, vimos que era inmediato; David despertó y cambió inmediatamente, y la decisión que nos ha llevado de momento es ahora el implante no. Y, por supuesto en un futuro, si nosotros vemos que es necesario para él, que le puede aportar más, lo decidiremos. Nosotros estamos pensando únicamente en el bienestar de David. Pero ahora queremos centrar todo nuestro tiempo en eso; que no es poco lo que empleamos en aprender lengua de signos, para después día a día utilizarla en casa e incluirla en el ambiente familiar, para que se esté enterando de lo que está pasando y para que aprenda. Entonces queremos centrarnos en eso.

[5] *Fiscal*: Digamos que si el niño no aprende lenguaje de signos a una edad temprana también ¿le podría suponer un perjuicio de cara a su desarrollo posterior?

Padre: Por supuesto, y yo quisiera añadir que, como se nos ha informado –hemos hablado con personas que utilizan el implante coclear–, conlleva una rehabilitación; esa rehabilitación conlleva mucho tiempo también; y muchas veces pues sí el resultado es que el niño oye ciertas señales, oye igual que nosotros los oyentes, y eso le ayuda a identificar un lenguaje, a comprender ese lenguaje y después hablar; pero eso lleva tiempo. La lengua de signos, hemos visto por experiencia propia que es inmediata…

Fiscal: Ustedes también han comentado, y también lo dicen en su escrito, que están aprendiendo la lengua de signos, que va una persona a su casa regularmente, que están poniendo todos los medios a su alcance… Ustedes ¿están conformes, ven al niño con una evolución y consideran que debe continuar así?

Madre: Sí, eso es.

En esta parte, toma la palabra el padre con el fin de reforzar lo aportado por su mujer ante la nueva pregunta de la fiscal en [4]. Observamos que esta profesional pone en igualdad los argumentos de las dos partes en conflicto: el implante para desarrollar la lengua oral y también la adquisición de la lengua de signos. En su respuesta, el padre corrobora la búsqueda activa de información que su mujer había indicado. Incluye así una enumeración de todos los tipos de personas relacionadas con la sordera que han conocido. De nuevo, un argumento a modo de ejemplos con el que quiere contraargumentar la posición oralista de la doctora. No hay que olvidar que están actuando como testigos en un juicio y se está dirimiendo si son o no unos padres responsables de la necesidad vital de su hijo. Recordamos también que se había solicitado la retirada temporal de la custodia, por lo cual la doctora de hecho estaba cuestionando que fueran socialmente "buenos padres".

En la segunda parte de su intervención, retoma el argumento aportado ya por la madre y que resumimos en la siguiente premisa: la rehabilitación del habla tras el implante es lenta, pero con la lengua de signos el resultado es inmediato. La metáfora que la madre había creado nos parece muy ilustrativo de ello: "cuando *metimos* la lengua de signos en casa…". Frente al "milagro de los implantes" que defiende la doctora, ellos contraargumentan con el suyo propio a partir de su experiencia familiar: el "milagro de la lengua de signos".

No obstante, el padre añade otro aspecto clave de la decisión que ellos tomaron respecto a la lengua de signos. No ha sido un proceso fácil porque, primero, llegó la duda de si estaban preparados para enseñar una lengua en la que no eran nativos y, segundo, tras la decisión a su favor han necesitado tiempo para aprenderla. La han "metido en casa" continuando con su metáfora, pero con esfuerzo en tiempo (asisten a clase regularmente) y también en dinero (una persona de la comunidad sorda viene regularmente también a casa), como luego recoge la fiscal en la pregunta última de este fragmento y que la madre confirma.

Por nuestra parte, el argumento que aportaban de que en ese momento no se veían preparados para tanto esfuerzo (simultáneamente lengua de signos y rehabilitación tras el implante) es el que consideramos más digno de respeto, aunque este es precisamente el desacuerdo con la posición oralista de la doctora. Es evidente que la posición de la familia coincide con la otra posición científica, tan rigurosa como lo puede ser la de la medicina. A varios investigadores del bilingüismo intermodal, se les pidieron informes en este juicio para demostrar la importancia de las perspectivas lingüística y psicolingüística en igualdad con la posición médica; con ello, apoyándose en las publicaciones recientes y en las investigaciones empíricas propias, tuvieron la oportunidad de demostrar cómo la privación lingüística es ya una realidad en muchos niños con implante coclear. De hecho, en estos informes se cuestiona abiertamente los datos de éxito aportados por la doctora.

Con ello, se estaba defendiendo el derecho de estos padres a decidir sobre el bienestar de su hijo porque estaban asegurando lo principal: el desarrollo de una lengua primera natural; la lengua oral es en la mayoría de los casos de niños sordos su lengua segunda. Desde la perspectiva lingüística, la doctora no tenía derecho a exigir a la familia el implante coclear de manera inmediata y por ese medio tan desproporcionado, porque el bilingüismo que estaban defendiendo para su hijo era, por el momento, suficiente. El implante podía posponerse sin ningún perjuicio para el menor, como defendía la familia.

A partir de aquí, nos falta el análisis de los argumentos legales defendidos por las profesionales del derecho en el juicio y luego en la sentencia final. A ello se dedicará el siguiente capítulo.

CAPÍTULO 11

LA LENGUA DE SIGNOS DESDE EL DERECHO DE LAS PERSONAS CON DISCAPACIDAD

Los casos de los que tenemos conocimiento en España de juicios por la negativa de los padres a la cirugía del implante coclear son cuatro. Dos de ellos propiciados por la doctora del caso que se viene analizando y a los que ella hace referencia en su argumentación, como mostraremos a continuación. En ambas situaciones se trataba de familias oyentes con hijos sordos. El tercer caso fue el de una familia sorda y la sentencia resultó favorable a la familia en segunda instancia. El cuarto, aún en proceso, implica a otra familia sorda, la sentencia primera a favor de esta ha sido recurrida por la fiscalía y se está a la espera de la realización de un nuevo juicio. Por tanto, son dos tipos de situaciones distintas, dos familias sordas signantes con hijos sordos y dos familias oyentes, una no había proporcionado lengua de signos a su hijo y la otra, la que nos ha ocupado en los capítulos anteriores, ha optado por el momento por el uso de la lengua de signos. Como ya se ha explicado, la sentencia de esta segunda fue favorable a la familia.

Veamos cómo explica y argumenta la doctora en el juicio los dos casos que recurrió:

Fragmento 1:

Abogada: Mire, usted en algún momento de su informe hace referencia a que… todo este proceso exige la colaboración de la familia, del colegio, etc. Y, digamos que usted conociendo la poca convicción que tienen estos padres con respecto al implante ¿considera que sería adecuado el que se le implantara a este niño, teniendo en cuenta como usted misma señala que es peor ponerlo y no usarlo que no hacer la intervención?

Doctora: Pues, mire, me alegro mucho de que me haga esta pregunta porque, como le digo, yo llevo quince años dedicándome únicamente a esto y… de todos los niños… solo me he encontrado en esta situación en dos ocasiones, en la situación en la que los padres no quieren implantar… De esas dos ocasiones, que los padres no querían implantar y que era un caso muy similar al de este paciente, [en el primero] a los padres se les retiró la custodia y, durante un tiempo, estuvo con una familia en acogida para poder acceder a la oralidad y hacer el tratamiento de logopedia que requiere porque los padres no iban a procurarlo. El niño está maravillosamente bien, habla perfectamente, habla estupendamente. Hoy es el día que le han devuelto a sus padres esa custodia y esos padres están encantados. Están muy contentos de haber implantado a su hijo al que no querían implantar. Con lo cual quiero decir que las convicciones se cambian también.

En su pregunta, la abogada construye el argumento de la utilidad de obligar a este tipo de cirugía si una familia no está de acuerdo con ello. Desde nuestra perspectiva podríamos añadir incluso la utilidad en términos económicos dado que estas intervenciones son costeadas por la sanidad pública. En nuestra investigación, se nos informa de que hay casos de implantes prácticamente perdidos de antemano porque las familias no tenían interés en dicha cirugía, bien por ser sordas y/o no poder estimular suficientemente a sus hijos en lengua oral por lo costoso en tiempo y en dinero que supone la rehabilitación logopédica; los servicios públicos no cubren todas las horas necesarias para el proceso tan complejo de dicha rehabilitación.

La doctora explica entonces los dos casos de familias que se negaron al implante. El primero, el de una familia oyente con un hijo sordo, la sentencia falló a favor de la decisión de la retirada temporal de la custodia, como ella misma explica. Tras el éxito del implante, según el relato de la doctora, la familia quedó completamente convencida del beneficio de esta cirugía. La doctora presenta el caso que nos ocupa semejante al primero, pero como ya se ha anticipado no es así.

En el primer caso, los padres no habían incorporado la lengua de signos en la interacción con su hijo, tampoco el niño había respondido positivamente al *input* auditivo; no se había desarrollado aún ninguna lengua común. Por tanto, era presumible que la administración y luego la Fiscalía siguieran el postulado de la doctora y el fallo final fuera a favor del implante; se acercaba el fin de la etapa crucial para el desarrollo del lenguaje. El segundo caso, del que estamos analizando el juicio, es muy diferente: el niño ya había empezado a adquirir una lengua natural (la lengua de signos) y la familia estaba totalmente apoyada por la comunidad sorda y respaldada por los argumentos científicos a favor de bilingüismo. A pesar de lo afirmado por la doctora, los casos no son equiparables. Precisamente, esta conclusión es a la que se llega también tras el análisis del resto de argumentos esgrimidos en dicho juicio. Veamos el turno final de la fiscal:

Fragmento 2:

[1] "En vista de la prueba practicada, se va a renunciar o a desistir de las medidas que se estaban solicitando… Hay que indicar que este expediente se inició ante un escrito urgente… donde se hace referencia a que el menor necesita una intervención quirúrgica para la implantación de un implante coclear, si bien hasta ese momento no se contaba con ningún tipo de información y ese fue el motivo por el que se presentó con tanta urgencia…

[2] Sin embargo, vistas las explicaciones dadas por los padres, la abundante documentación que se ha aportado… se considera que en este caso debe respetarse la voluntad de los padres de que su hijo no reciba ese implante. Es cierto que la doctora que atendió al menor -y… el forense así lo ha corroborado- indica que tiene muchas posibilidades de éxito, hay niños que llegan a oír hasta cien por cien si se realiza antes de los tres años, pero tampoco se descarta que el niño hasta los seis años pueda conseguir una audición de hasta el 70% y para eso los padres todavía tendrían plazo; y ellos han indicado hoy que no lo descartan y que ahora quieren un periodo de adaptación al lenguaje de signos que el niño está recibiendo actualmente.

[3] Como toda intervención quirúrgica, a pesar de que sean reducidos o no sean graves, conlleva un riesgo y no podemos descartar que este riesgo no se vaya a producir en el menor… Por otro lado, la decisión de los padres no se considera negligente; ellos quieren dotar al menor de una lengua de signos desde una edad temprana porque consideran que con un implante coclear pueden retrasar dicho aprendizaje; y, en el supuesto de que no funcione, se le privaría de una lengua esencial, lo que desde el principio podría dar lugar a una serie de problemas de conducta posteriores. De hecho, en el informe de [nombre de un investigador] se hace referencia a un porcentaje bastante alto de niños que no han tenido un aprendizaje con lengua de signos desde el principio y que muestran un perfil bastante inferior a otros niños. También hay que mencionar a los niños que no utilizan este aparato… por problemas como falta de satisfacción…

[4] Consideramos, señoría, que someter a estos padres que no quieren que al niño se le practique esta intervención, un proceso que puede durar años, pues puede ser muy perjudicial para el menor. Y, en cualquier caso, consideramos totalmente desproporcionado que se le prive de la guardia y custodia, y a que una entidad pública realice dicha rehabilitación. *Puede que el niño consiguiese un cien por cien de audición*, pero desconocemos los *perjuicios psicológicos y emocionales* que podría conllevar la separación y la ruptura del vínculo afectivo que tiene con sus padres. Por lo tanto, a día de hoy, teniendo en cuenta que ninguna solución es buena al cien por cien, todas conllevan beneficios y perjuicios, consideramos que los padres han sido suficientemente informados, conocen las ventajas, conocen los inconvenientes que tiene, han sido valorados suficientemente por ellos y entendemos que es una decisión adecuada que no debe ser ejercida por una autorización judicial.

La fiscal justifica la judicialización del caso por la falta de información sobre el asunto en cuestión, pero en su aportación final demuestra que ha realizado una lectura detallada de toda la documentación aportada por la abogada de la familia: las estadísticas al respecto sobre éxito-fracaso de los implantes, el papel de la lengua de signos para evitar la privación y la posibilidad de que la tasa de éxito del implante pueda extenderse hasta los seis años y no solo hasta los tres años como indica la doctora. Con este último argumento, justifica la petición de los padres de posponer el implante para su hijo hasta haber completado el periodo básico de adquisición de la lengua de signos.

Con todo, un argumento también convincente es el de las consecuencias psicológicas y emocionales para el niño si se lleva a cabo la retirada temporal de la custodia. ¿Es mejor oír que la estabilidad emocional de un niño sordo signante? La primera opción parece ser la posición defendida por la doctora cuando afirma lo siguiente en otro momento de su intervención:

Fragmento 3:

Oír se oye con el oído, pero entender se entiende con el cerebro. Si eso [la cirugía del implante] no lo hacemos ahora, no lo hará [no recuperará la audición]; y entonces ese es el problema, ese es el perjuicio, que tendrá que hablar con lengua de signos.

La lengua de signos es considerada como negativa frente a la visión positiva que tiene de la lengua oral; por ello, defiende la opción de obligar incluso judicialmente a los padres a realizar los implantes. Cuando la abogada le pregunta más tarde si conoce lo que es la privación lingüística, parece desconocer el término y/o contesta de forma evasiva. Asimismo, como ya hemos comentado más arriba, los casos de falta de éxito de los implantes los considera como discapacidades asociadas a la sordera.

Finalmente, aludimos brevemente a algunos de los argumentos aportados a mayores por la abogada defensora de la familia:

Fragmento 4:

[1] Agradecer al Ministerio Fiscal la comprensión y las dificultades que seguramente ha tenido a la hora de manejar la voluminosa documentación que esta parte ha aportado… Se estaba de alguna manera criminalizando a estos padres por simplemente hacer lo que ellos consideraban que era más adecuado para su hijo y sobre todo de ejercer lo que prescribe el artículo 154 del código civil con toda la complejidad y con todas las dificultades que comporta tener un hijo con una discapacidad, como es el caso de un niño sordo. Decir también que sí me parece cuestionable, de alguna manera, que los profesionales médicos estén llevando esta cuestión única y exclusivamente al

terreno médico… Existe una serie de condicionantes de naturaleza social, de naturaleza familiar y sobre todo la importancia que… la comunidad sorda ha tenido en el apoyo a estos padres…

[2] … En cualquier caso, creemos que lo que sí debe de prevalecer es, por un lado, el hecho de que el implante coclear no [es] en absoluto un mecanismo para convertir un niño sordo en un niño oyente, que lo que provoca o permite es como una prótesis…

[3] Insistimos que lo que hay no es un rechazo [de la familia al implante], sino que lo que hay es una prioridad y en cualquier caso la ley 41/2002 de autonomía del paciente, así como la ley 27/2007 que desarrolla los derechos de las personas con discapacidad y de exclusión social, y establece que tienen derecho a los medios de apoyo a la comunicación oral, y a cualquier avance biotecnológico y de igualdad de oportunidades; pero como tal derecho es un derecho, no es una obligación.

Como se observa, la abogada critica la posición tan reduccionista del problema por parte de la clase médica cuando es un fenómeno más complejo: social, familiar y cultural (en relación con la comunidad sorda). Como venimos afirmando en los capítulos anteriores, se adhiere así a la perspectiva integral de la persona sorda. En segundo lugar, rebaja las expectativas tan positivas aportadas por la doctora sobre el éxito de los implantes; tras la consulta de la bibliografía de los investigadores sobre el tema, la abogada concluye así que el implante es una prótesis más. De hecho, como ya se ha afirmado, las estadísticas publicadas hasta el momento, apuntan a que en cuanto prótesis solo son óptimas en el 50% de los casos; pero para la recuperación de la lengua oral, los resultados de éxito son aún menores. Finalmente, justifica la decisión de la familia de dar prioridad a la lengua de signos por encima del implante aportando argumentos externos a su discurso; en este caso, mencionando las leyes que amparan la libertad del paciente y/o de sus padres para decidir sobre sí mismo o sobre su hijo o hija, sin ninguna imposición externa.

La jueza en su sentencia final incide también en la ley mencionada por la abogada de la autonomía del paciente, tal como se observa en el siguiente ejemplo:

Fragmento 5:

Toda actuación en el ámbito de la sanidad requiere, con carácter general, el previo consentimiento de los pacientes o usuarios. El consentimiento, que debe obtenerse después de que el paciente reciba una información adecuada, se hará por escrito en los supuestos previstos en la Ley. El paciente o usuario tiene derecho a decidir libremente, después de recibir la información adecuada, entre las opciones clínicas disponibles.

En los casos que los padres deban dar el consentimiento mediante representación en nombre de sus hijos y discrepen de la opinión del médico, ha de tomarse la solución siempre en beneficio al interés superior del menor. Cuando las decisiones tomadas por los padres, según criterio del médico sean contrarias al interés superior del menor, deberá ponerse en conocimiento de la autoridad judicial, informando al Ministerio fiscal, en base al artículo 9.6 de la ley 41/2002. Salvo, lo dispuesto sobre razones de urgencia (Ley 41/2002, de 14 de noviembre, art. 2).

Por tanto, según indica la jueza, es este último supuesto el que ha motivado el procedimiento judicial. Reconoce que los padres demuestran tener buen conocimiento de la opción del implante como de la solución elegida, y están actuando en beneficio del menor. Y tras ello añade el siguiente argumento en favor de la lengua de signos que nos parece importante de resaltar:

Fragmento 6:

Destacan en sus motivos [los de los padres] que el éxito del implante no es absoluto y que en caso de adoptarlo perderían el aprendizaje desarrollado con el lenguaje de signos. Este extremo se constata a través de la intervención de la doctora quien reconoce que al comenzar el tratamiento se fomenta la comunicación hablada, censurándose en cierta manera el uso del lenguaje de signos.

Creemos que la constatación de este hecho por parte de la jueza es fundamental porque aquí radica el problema de la actuación de los otorrinos: no reconocen el papel fundamental de la lengua de signos para el desarrollo integral del niño sordo; tampoco aceptan que la cirugía del implante puede ser compatible con la lengua de signos; es decir, compatible con una visión más global del problema, no solo médico. Por este motivo, el hecho de aceptar el implante por parte de los padres implica en la mayoría de los casos claudicar de la opción del bilingüismo para sus hijos. Las familias sordas tienen muy claro que no van a respetar esta exigencia médica por su identidad cultural, pero las familias oyentes con hijos sordos tienden a renunciar a esta solución por la presión de los médicos y de los educadores, y aceptan al final la educación oralista para sus hijos. Posteriormente, cuando los resultados de éxito no son tan evidentes, se lamentan de no haber sabido imponerse a esta presión, como ya se ha aludido en capítulos anteriores.

La jueza concluye entonces en los siguientes términos:

Fragmento 7:

Visto lo anterior se considera que el menor no se encuentra en una situación de grave peligro y que no concurren los requisitos del artículo 158 CC. Los progenitores se encuentran ante dos opciones y ponderando los intereses se han decantado por no seguir el tratamiento de implantes cocleares. Se aprecia que dicha decisión ha sido meditada y razonada. Que la opción de los implantes implica riesgos, los graves resultan estadísticamente bajos, pero existen. Que autorizar el tratamiento produciría un perjuicio y retraso en el aprendizaje de la lengua de signos.

Que los implantes, con menor efectividad eso sí, pueden colocarse en años venideros. Que no existe prueba de que el menor tenga defectos en la visión (no obstante, se conmina a los padres a que realicen las pruebas pertinentes en este ámbito en aras a poder anticipar los problemas de salud de David y compatibilizarlos con el lenguaje de signos). Que, por todo lo anterior, teniendo en cuenta las circunstancias concurrentes, así como el informe formulado por el Ministerio Fiscal con el que esta juzgadora coincide plenamente *no ha lugar a autorizar el tratamiento médico de implante coclear.*

Se observa así que los argumentos aportados por la fiscal y por la jueza en su sentencia final incluyen también su interés por resolver el caso teniendo en cuenta la dimensión integral del desarrollo del menor. Con ello, ha quedado más en evidencia la visión exclusivamente tecnológica y parcial de la doctora.[57]

En este punto nos vamos a detener a continuación, porque nos parece importante tenerlo en cuenta y conectarlo con el desarrollo futuro de las investigaciones en biotecnología. La abogada, amparándose en las leyes mencionadas, había aludido a esta opción de la biotecnología como un derecho del individuo, no como una obligación. Sin embargo, para la doctora se ha demostrado que es lo segundo, por ello no muestra estar dispuesta a dejar pasar el caso de ningún niño sordo sin que sea ella la que decida sobre el implante y el momento de su cirugía en las comunidades donde es la única doctora de referencia.

Por el contrario, desde la visión integral que defienden los padres de David, y que reconocen positivamente la fiscal y la jueza, la decisión del bienestar de su hijo

---

[57] En la bibliografía internacional, Small y Mason (2008, 8) citan varios enunciados de la sentencia de un juez en Canadá ante un caso de privación de un niño de 9 años: "'[E]n mis dieciocho años en la judicatura, rara vez he oído hablar de una situación que me preocupara más que esta" (ORR, P.C.J., 2005). El juez concluye que sería muy beneficioso para quienes 'no pertenecen al sistema jurídico, como educadores, funcionarios, políticos y otros ciudadanos' que leyeran la sentencia en respuesta a las desastrosas consecuencias que se producen cuando a un niño se le niega el pleno acceso a una lengua materna sólida. El tribunal ordenó a la provincia enseñar ASL al niño y a su madre (la única tutora legal) con un instructor cualificado en una escuela de lengua de signos para sordos o que se le proporcionara un intérprete de ASL a tiempo completo en una escuela de Saskatchewan" (la traducción es nuestra). Un segundo caso judicial se explica en Ouelette (2011): se alude al caso de otra sentencia judicial en Estados Unidos a favor de una madre sorda que rechazaba el implante para sus dos hijos sordos, contando con el apoyo de la comunidad sorda y de los defensores de los derechos de las personas con discapacidad. Los argumentos esgrimidos eran el derecho a la decisión libre de la familia (en este caso, la madre biológica) y al reconocimiento de su discapacidad sin prótesis médicas.

ha de ser exclusivamente suya, en función del progreso que vaya realizando el menor. Así lo indica expresamente la madre en su intervención:

Fragmento 8:

> Nosotros le dijimos [a la doctora]: queremos un año, queremos poner la energía en esto que estamos haciendo, que vemos que funciona, que vemos que está bien el niño. Y queremos ser conscientes y que sea nuestra decisión.

Lo que esta madre defiende es la libertad de elegir por encima de la promesa de la biotecnología. La consulta de la bibliografía científica sobre la privación lingüística evidencia que se trata de prácticas biomédicas que se han generalizado sin estar suficientemente probadas ni rigurosamente evaluadas por los hospitales de referencia; tampoco por los departamentos sanitarios de las comunidades autónomas ni por el Ministerio de Sanidad, que son las administraciones financiadoras de esta cirugía con el dinero público.

Están dando resultados en algunos casos, pero no en todos. Los numerosos casos de privación lingüística que se están detectando son la mejor prueba de que el proceso no ha funcionado adecuadamente; ni tampoco parecen estar funcionando suficientemente los controles públicos.

11.1. La necesidad de replantearse el principio de precaución

La generalización de la cirugía de los implantes a la infancia sorda y sordociega necesita reconsiderarse para actualizar el principio de precaución como requisito ético que debe regir toda técnica científica que está incorporando nuevos avances continuamente; máxime cuando estamos hablando de la infancia con discapacidad. Y, sobre todo, cuando lo más grave es la constatación de que la clase médica implicada ha rechazado el recurso más eficiente en estos casos para cumplir dicho principio de precaución: la lengua de signos, como lengua natural del niño sordo y del sordociego.

Desde la perspectiva de las disciplinas lingüísticas, reiteramos, no son recursos incompatibles porque lo que está en juego aquí es la activación de la facultad del lenguaje; se pueden adquirir al mismo tiempo las dos modalidades de lenguas, la de signos y la oral (Plaza Pust 2016). Es el proceso que sigue todo individuo bilingüe o plurilingüe; no hay razón alguna para pensar que en la población sorda y/o sordociega no se pueda realizar este mismo recorrido si se recibe un *input* nativo y adecuado a las circunstancias concretas de cada individuo. El proceso de adquisición en el bilingüismo puede ser más lento que en el de una sola lengua, pero al final se completa adecuadamente en ambas situaciones.

De esta forma, como ya se ha reiterado, el problema radica en el ámbito educativo; en la necesidad de actualización del profesorado y de los responsables de la discapacidad auditiva (logopedas, maestras de Audición y Lenguaje y psicopedagogas) en el conocimiento de las perspectivas lingüística, psicolingüística y neurolingüística. Con todo, se da el caso también de profesionales que aparentemente están formados en estas disciplinas e incluso son usuarios competentes en la lengua de signos, y persisten en su ideología oralista, negando incluso el fenómeno de la privación lingüística en los casos que son de su responsabilidad. El diagnóstico al que están recurriendo en sus informes es el de convertir la privación en una discapacidad asociada. En este supuesto, lo que se nos ocurre pensar es en la connivencia que tengan con la industria de los implantes, recibiendo por ello ciertos beneficios.

Como reflexión final de lo tratado en este capítulo, mencionamos las palabras del filósofo Yuval Noah Harari en uno de sus libros, el de 2018 titulado *21 lecciones para el siglo XXI*. Señala que uno de los grandes retos actuales de la humanidad es la regulación de la biotecnología, juntamente con la infotecnología (o inteligencia artificial, el uso masivo de los algoritmos digitales), por los riesgos que su uso conlleva. Lo explica bien en la siguiente cita:

> Aunque la tecnología encierra muchas promesas maravillosas, aquí mi intención es destacar principalmente las amenazas y los peligros. Puesto que las empresas y los emprendedores que encabezan la revolución tecnológica tienden naturalmente a cantar las alabanzas de sus creaciones, les toca a los sociólogos, filósofos e historiadores como yo hacer saltar la alarma y explicar todas las maneras en que las cosas pueden ir terriblemente mal… Si no sabemos qué hacer con el poder para diseñar vida, las fuerzas de mercado no esperarán mil años para que demos con una respuesta. La mano invisible del mercado nos obligará con su propia y ciega respuesta (2018, p. 5, 12).

En estas palabras, reconocemos bien el discurso tan poco riguroso académicamente de las dos doctoras que venimos citando en este trabajo. En los últimos años, las publicaciones internacionales que han empezado a investigar la privación lingüística lo hacen desde disciplinas distintas: lingüística, psicolingüística, psiquiatría, educación, neurología, etc. Por tanto, es un tema que empieza a reconocerse en sí mismo interdisciplinariamente por las consecuencias lingüísticas, psicosociales, cognitivas y conductuales en los individuos que las padecen. En el ámbito español aún hay pocas publicaciones al respecto, con lo cual es urgente animar a los jóvenes investigadores a realizar sus tesis de doctorado en esta dirección. Necesitamos tener datos contrastados sobre las consecuencias negativas del uso de esta biotecnología, para controlar y sobre todo para regular administrativa y jurídicamente la cirugía de los implantes, y evitar las extralimitaciones que la industria de estos dispositivos quiera imponer a los departamentos de educación y a las familias.

Capítulo 12

La lengua de signos en la perspectiva de la evolución humana. La facultad del lenguaje

Desde finales del siglo XX, cuando las distintas comunidades de sordos comenzaron su reivindicación política para el reconocimiento legal de las lenguas de signos, se fueron publicando también estudios sobre la historia de estas comunidades y sobre el origen de estas lenguas. Para las comunidades de sordos de algunos países occidentales, el origen fue la creación a finales del siglo XVIII del colegio de sordos de París, en donde se empezó a usar un sistema manual para la alfabetización de los alumnos sordos, incluyendo también a maestros sordos. A partir de este colegio, a lo largo del siglo XIX y bajo la inspiración del principio ilustrado de la educación universal, se empezaron a crear escuelas en otras ciudades del mundo; a veces siguiendo las pautas de la metodología usada en el mencionado colegio de París. Con este método también se aprendían muchos de los signos que allí se utilizaban, por ello la lengua de signos de algunos países de nuestra esfera cultural es heredera en parte de los signos utilizados por los profesores y alumnos sordos de este colegio. Lucas y Valli (1992) hacen referencia a cómo se puede rastrear en la historia de la lengua de signos americana (ASL) este origen francés a partir de los préstamos que recibió de la lengua de signos francesa (LSF) y que han perdurado también en la ASL actual. Así, palabras de la ASL como DOCTOR ('doctor') y GOOD ('bueno') se signan, además, con la primera letra del dactilológico de las correspondientes palabras francesas: *(M)edecin* y *(b)on*.[58]

Por tanto, el siglo XIX puede considerarse el inicio de las comunidades sordas que conocemos como tal en los países occidentales. Al agrupar a los alumnos sordos en un único centro en la ciudad (incluso a veces con internados), los gestos iniciales

---

[58] Jarque Moyano en su tesis doctoral (2019) alude también a este hecho en el léxico de las lenguas de signos españolas.

que cada niño hacía espontáneamente, denominados en la Lingüística de las lenguas de signos como *signos caseros* (de hecho, una especie de *pidgin*), van confluyendo con los signos que aportan los profesores y va surgiendo poco a poco una lengua de signos plena. La lección que nos ofrece la creación de estos centros educativos es que permitieron el desarrollo pleno de las lenguas de signos, a pesar de que, en algunos de ellos, era una lengua a veces prohibida en el interior de las clases y solo se utilizaba en los espacios lúdicos. También se usaba en la clase de religión, como reconocía la investigadora sorda Anna Folchi, (Trovato y Folchi 2022). Muchos maestros católicos empezaron a servirse de ellas precisamente por su afán catequético; tal es el recién descubierto caso del Padre Clotet en Barcelona, cuyas reflexiones sobre los gestos demuestran que trascendió la finalidad meramente religiosa del uso de los gestos manuales al observar que era la forma natural de sus alumnos sordos para acceder al pensamiento.[59]

A lo largo del siglo XX, desde el punto de vista pedagógico se fueron reconociendo las limitaciones de tales centros para aportar una dimensión completa de la educación sorda, pero al menos eran centros de agrupación de sordos y, por tanto, de acceso a la lengua de signos de manera natural, así como de socialización entre el alumnado. El caso más conocido de creación de una lengua de signos nueva es el de la lengua de signos de Nicaragua, a partir de la apertura de dos colegios de sordos en Managua en los años ochenta. Se concentró así en la capital a cientos de niños sordos que empezaron a comunicarse espontáneamente con gestos entre ellos y con sus profesores. Poco a poco los signos caseros iniciales que cada uno de ellos aportaba se fueron convirtiendo en una lengua de signos completa.

Esta comunicación espontánea y comunitaria del alumnado en lengua de signos se ha perdido en la mayoría de los países occidentales con la educación inclusiva; la consecuencia más negativa ha sido el aislamiento entre los compañeros sordos, una de las causas de la privación lingüística. Se da así la paradoja de que, por ejemplo en nuestro país, alumnos sordos inmigrantes, procedentes de países con colegios de sordos aún en vigor, tienen un nivel psicosocial y cognitivo completo porque han adquirido una lengua de signos desde la infancia; su nivel de alfabetización puede ser bajo, pero al menos no son semilingües y, por tanto, no tienen privación lingüística. El problema se encuentra cuando proceden de zonas rurales en las que no había agrupación de alumnado sordo y solo usaban signos caseros para comunicarse.

En este punto, hay que mencionar que, frente al inicio de este manualismo en el siglo XIX que propició la agrupación de la infancia sorda, aparece también el fenómeno opuesto, el de la ideología oralista, como movimiento médico-educativo

---

[59] Puede conocerse esta historia en "El logos a les mans", documental de Pablo Navarro. Acceso libre: https://www.espiell.cat/video-post.php?f=6 y https://www.claret.org/es/nuevo-documental-sobre-la-figura-del-venerable-p-jaume-clotet/

que se inicia públicamente tras el conocido Congreso de Milán en 1880. En este evento se decide de forma unánime que la educación de los sordos será exclusivamente la de la lengua oral. Empieza así una lucha de poder entre el manualismo y el oralismo, inclinándose siempre la balanza a favor del segundo porque ha tenido siempre el respaldo de la clase médica; ahora también el interés económico de la industria de los implantes. Es el cuestionamiento constante de la lengua de signos, sobre todo cuando un nuevo dispositivo tecnológico aparece en el mercado. En el presente, les toca el turno a los derivados de la industria biotecnológica; el implante se presenta como el "milagro" inicial de otras investigaciones más novedosas que llegarán con el avance de la tecnología. Este es, precisamente, otro de los argumentos aportados por la doctora en el juicio que se viene analizando:

> El riesgo de no aplicar este tratamiento es que tenemos una ventana muy pequeña de tiempo de 0 a 3 años, preferentemente de 0 al 1,5, pero en total de 0 a 3 años para desarrollar el lenguaje oral… Si eso no se realiza en este momento, en este periodo de tiempo, nunca, jamás se realizará. Cuando digo jamás es jamás. Independientemente de que dentro de veinte años surjan terapias con células madre que se puedan colocar en el oído interno o surja otro tipo de dispositivos, no serán aptos para este niño porque el lenguaje se desarrolla a nivel cerebral durante este periodo de tiempo. Oír se oye con el oído, pero entender se entiende con el cerebro. Si eso no lo hacemos ahora, no lo hará; y entonces ese es el problema, ese es el perjuicio, que tendrá que hablar con lengua de signos.

Este fragmento forma parte del discurso del "paradigma tecnológico", ya referido arriba: la idea siempre positiva en el capitalismo tecnológico de que se encontrará una solución técnica a los problemas actuales que la vida moderna ha creado. En el ámbito de la sordera, tal como afirma esta doctora, no es posible dejar pasar la solución tecnológica del implante (ni de las soluciones siguientes que la industria ofrecerá a las personas sordas) porque en el otro extremo está el "perjuicio" de la lengua de signos. Para ello, la estrategia comunicativa de esta doctora, como la de otros otorrinos consultados, es hacer caso omiso de las estadísticas y de los casos que demuestran que en el presente la mayoría de los implantes no funcionan para la activación completa de la lengua oral. Son soluciones tecnológicas que necesitan inevitablemente de la incorporación de las lenguas de signos en el sistema educativo del alumnado sordo; también en el del sordociego.

Con lo expuesto hasta aquí, nuestro objetivo ha sido el de contextualizar la lucha ideológica entre manualistas y oralistas surgida a finales del siglo XIX porque sigue aún plenamente vigente en el presente. Sin embargo, el título del capítulo nos retrotrae a un pasado más lejano que nos parece relevante considerar también en este tema de la comunicación gestual y de su cuestionamiento constante desde el oralismo. Nos referimos a las reflexiones que se están haciendo desde investigadores de la evolución y de la antropología humanas. ¿Qué es lo que nos hizo humanos, el *homo sapiens* que somos hoy, y que sustituyó a otros prehomínidos con los que parece convivió? ¿Cuál fue su modo de comunicación: oral o gestual? Las respuestas a estas preguntas son difíciles de hacer por parte de los investigadores, pero algunos se están adentrando en ellas desde planteamientos que nos parecen rigurosos.

12.1. Los gestos en la historia de la evolución humana

En primer lugar, retrocedemos en el tiempo a partir de los casos que han llegado hasta la actualidad de los usos comunicativos de comunidades indígenas: la existencia de códigos gestuales en comunidades ancestrales que han pervivido hasta el siglo XX e incluso se mantienen en aislamiento voluntario en el presente. Son grupos sociales que, a pesar de la entrada en la modernidad capitalista del resto de habitantes del planeta, siguen basando su forma de subsistencia como cazadores-recolectores.

Son oyentes, pero han desarrollado también formas de comunicación gestual que usan en situaciones especiales como la caza, en momentos muy ruidosos, en manifestaciones culturales concretas (ceremonias, tabús, etc.) e incluso en la comunicación con tribus vecinas que no comparten su lengua oral. El investigador Adam Kendon (2004) las denomina *lenguas de signos alternativas* para distinguirlas de las lenguas de signos desarrolladas por las comunidades sordas; a estas las califica como *lenguas de signos primarias* o simplemente *lenguas de signos (o señas)*. Desde el punto de vista gramatical tienen algunas diferencias, por ejemplo, parece que hacen un menor uso de espacio delante del signante y de los clasificadores.

Los usuarios de las lenguas de signos alternativas pertenecen a comunidades que han vivido hasta hace poco o aún viven en lugares aislados, como la selva amazónica o el desierto de Australia. Y una de sus características comunes es que, como se ha indicado, aún sobreviven como cazadores-recolectores por lo que necesitan conocer bien su medio natural para poder conseguir el alimento diario. El desarrollo tanto de las habilidades perceptivas auditivas como visuales pudo ser un beneficio para su supervivencia como grupo social. Como indica la neurolingüista de la lengua de signos americana Karen Emmorey (2023), ya mencionada, la comunicación gestual expresa de forma más detallada la descripción espacial de los objetos, lo cual permite desarrollar neuronalmente ciertas habilidades cognitivas que no son posibles con la comunicación oral. También la comprensión de los signos gestuales es más rápida que la de los signos orales porque los articuladores manuales son completamente visibles; no así la vocalización de la lengua oral.

No hay duda de que estos dos tipos de habilidades cognitivas serían aprovechadas por estas poblaciones para sobrevivir mejor en zonas como la selva y el desierto. De ahí la presencia en estas comunidades de ambos tipos de comunicación. El caso más conocido de uso conjunto de la comunicación oral y gestual, que ha atraído también a investigadores sordos, es el de la lengua de signos alternativa utilizada por algunos grupos indígenas de Estados Unidos, un código gestual que incluso tiene relación con una familia sorda. En un trabajo de 1995, Davis y Supalla se refieren a la existencia de una lengua de signos hablada por una familia sorda de varias generaciones de la comunidad de los indios *navajo*. En esta comunidad navajo ya existía una lengua de signos alternativa; a partir de esta base, esta familia sorda desarrolló un sistema de comunicación de signos más complejo, diferente también a la lengua de signos americana (ASL).

La lengua de signos alternativa antigua seguía aún usándose por los miembros oyentes de esta comunidad navajo en ceremonias especiales y en situaciones laborales ruidosas; en este segundo caso, la empleaban los hombres oyentes, muchos de ellos empleados del ferrocarril. Algunos miembros de la familia sorda que describen Davis y Supalla también trabajaban en el ferrocarril. Varios miembros más jóvenes de la familia ya se habían educado en colegios de sordos y conocían la ASL; sin embargo, con el resto de los parientes aún utilizaban la lengua de signos propia (vernácula) de la familia. La comunicación entre ellos no se reducía a mensajes limitados, sino que permitía una comunicación total. Para los miembros de esta familia sorda, la lengua de signos alternativa de los indios navajos era algo diferente de la de ellos, sobre todo en el vocabulario. Por tanto, lo que estos investigadores muestran es cómo una lengua de signos alternativa, usada desde tiempos antiguos, parecía haber derivado en esta familia sorda navajo en una lengua de signos primaria.

En otro artículo posterior, Davis (2011) completa la información sobre otras lenguas de signos alternativas de los indios de esta parte del continente; en concreto, se refiere a la conocida como *North American Indian Sign Language* (NAISL), una especie de lengua franca signada, usada por distintos grupos indígenas como los inuit, pueblo, navajo, etc., cuyas lenguas orales eran ininteligibles entre sí. De esta lengua franca, la variedad signada mejor documentada y descrita es la lengua de signos de los *Plains Indian* (PISL, literalmente 'la lengua de signos de los indios de las llanuras'), coloquialmente conocida también como *hand-talk* o *sign-talk* ('habla manual' o 'habla gestual'). Es la lengua de los navajo que describían Davis y Supalla (1995); en los últimos años esta variedad empezó a dejar de ser empleada y a ser sustituida por el inglés (en el caso de los oyentes) y por la ASL (en el caso de los sordos), por lo que puede estar desapareciendo o haber desaparecido ya en el presente.

En el segundo artículo citado, Davis (2011) vuelve a confirmar que esta lengua PISL no era solamente una lengua de signos alternativa, sino que llegó a tener una historia de nativización entre sus signantes; sus principales signantes nativos fueron los miembros sordos de la familia arriba mencionada, pero también consiguió tener signantes nativos entre la población oyente por su amplia variedad de funciones comunicativas.[60] Por tanto, la diferencia entre una lengua de signos primaria (la que tiene signantes sordos nativos) y una lengua de signos alternativa no es de oposición, sino un *continuum* gestual según si tiene o no signantes nativos que la usan frecuentemente.

Esta explicación sobre la existencia de lenguas de signos alternativas no la mostramos como una simple referencia anecdótica de tipo cultural, sino como la primera prueba de que, en la evolución humana, la facultad del lenguaje no se ha reducido a la oralidad. Evolutivamente estamos preparados para la comunicación tanto por medio de la modalidad oral como de la gestual. Es decir, la comunicación humana, incluso la oyente, se desarrolla en el *continuum* de códigos comunicativos orales y gestuales como un universal que ha perdurado hasta hace poco y/o continúa en las pocas poblaciones indígenas que sobreviven aisladas de la modernidad, aun cuando tuvieran lenguas orales propias.

Es también un universal que surge espontáneamente con los signos gestuales caseros que se desarrollan espontáneamente en una familia o grupo de individuos con un miembro sordo. Si esta comunicación gestual doméstica se amplía a un grupo mayor de sordos, surge progresivamente una lengua de signos primaria. Es lo que sucedió en cada colegio de sordos cuando se empezaron a crear en las ciudades occidentales a finales del siglo XVIII y luego en el XIX; es el origen de las lenguas de signos que hoy utilizan las comunidades sordas modernas y que, al acabar la escolarización, los sordos adultos continúan usando en sus familias o en las asociaciones de personas sordas. Y, como acabamos de explicar, en el caso aludido de Estados Unidos, se ha documentado que hay una lengua de signos de una familia sorda que proviene de una lengua de signos alternativa; luego con la escolarización de sus hijos en los centros educativos, empiezan a adquirir también la lengua de signos mayoritaria de la comunidad sorda, la lengua de signos americana. El tiempo dirá si estas lenguas de signos de familias sordas indígenas podrán sobrevivir al peso de las lenguas de signos mayoritarias, de forma paralela a como sucede con las lenguas orales minoritarias respecto a las lenguas mayoritarias en las comunidades oyentes.

Se puede comprobar entonces que los gestos han estado siempre presentes en la comunicación humana. De hecho, otro investigador del gesto, McNeill (1992, 37), realiza el siguiente esquema para mostrar de qué forma los gestos han estado siempre presentes en la vida humana, constituyendo un *continuum* entre sus distintos estadios (Tabla 1).

---

[60] Más información en https://en.wikipedia.org/wiki/Plains_Indian_Sign_Language y https://profilpelajar.com/article/Plains_Indian_Sign_Language

Quinésica (o gestualidad) que acompaña a la lengua oral	Gestos codificados (como las lenguas de signos alternativas)	Pantomima (uso creativo de la expresión gestual)	Emblemas (gestos propios de cada cultura, que sustituyen a las palabras orales)	Lenguas de signos (las lenguas de signos primarias, según Kendon).

Tabla 1. Modo gestual - Modo oral

Según señala McNeill, lo que esta escala indica es que, a medida que nos desplazamos a la derecha, aparecen las siguientes características: la presencia obligatoria del habla oral decrece; se hacen más evidentes las propiedades lingüísticas de los gestos; y los gestos idiosincrásicos o espontáneos comienzan a ser suplantados por signos gestuales regulados socialmente (las normas gramaticales y de uso), aspecto que alcanza su mayor expresión en las lenguas de signos.

Otros investigadores de la evolución humana añaden otras reflexiones novedosas sobre la presencia conjunta de la comunicación oral y gestual en los grupos humanos, a partir de la comparación entre el comportamiento en grupo de los primates y de los niños de edades tempranas. Un ejemplo de ello es la propuesta del conocido investigador de la evolución humana Michael Tomasello, en un libro de 2009, titulado *Por qué cooperamos*. Explica que los niños desde los doce meses de edad señalan con el dedo para informar a otros de algo; los chimpancés y otros simios no se señalan unos a otros para aportarse información útil, como el alimento; más bien compiten por este alimento.

Tomasello explica esta diferencia entre el comportamiento del niño y del primate por la necesidad en el primero de la colaboración mutua, para beneficiarse del trabajo en grupo. Esta diferencia pudo ser también la que dio origen a la divergencia evolutiva entre los primates y los primeros prehomínidos: colaborar mutuamente con el fin de protegerse de los depredadores y del ambiente adverso; con ello, tuvo que surgir además la importancia de confiar en los otros. En este punto, es donde este autor sitúa el papel de la comunicación. Lo que es común en todo este proceso es el sentido humano del "nosotros", un sentido de intencionalidad compartida, surgido en las interacciones sociales más simples.

El contexto ecológico en el que se desarrolló esta necesidad de colaboración fue algún tipo de presión obligada para la recolección de alimentos. En esta presión, el gesto indicial de señalar hacia un objetivo común que dirigiera la mirada de todos a un punto concreto (por ejemplo, una presa en la actividad de la caza) pudo ser el origen de la colaboración humana básica; un aspecto crucial que los empezó a separar de los primates y, a partir de aquí, a formar los primeros grupos sociales.

El punto interesante de investigaciones como estas es que hay autores que ya parten de la reflexión conjunta de la comunicación oral y de la gestual como un proceso unificado en el origen de la vida humana. No hay contradicción entre la oralidad y el gesto en los inicios de lo que luego sería la facultad del lenguaje; incluso se puede pensar que fue el gesto de señalar, por su visibilidad para el grupo, el origen de la comunicación entre estos primeros prehomínidos. Más tarde, con la consolidación del desarrollo del cerebro y del bipedismo hasta llegar al *homo sapiens* empezarían a diversificarse también los dos modos de comunicación en sistemas diversos, utilizados selectivamente según las necesidades de los cazadores-recolectores.

En este momento evolutivo, empieza a tener un papel destacado también la cultura que emerge en estos grupos sociales, como un factor que contribuye al desarrollo del cerebro de estos individuos al proponerle nuevos retos sociales y cognitivos.[61] En este hilo evolutivo, allá donde por razones genéticas se concentrara algún grupo de sordos más numeroso, surgirían las primeras comunidades sordas. Algunas de las que sobrevivieron en poblados aislados ya son ampliamente conocidas, tal es el caso de la isla Marta's Vineyard (Estados Unidos), en donde se relata que un amplio porcentaje de sus habitantes eran sordos congénitos; consecuencia de ello, numerosos oyentes conocían la lengua de signos y se daba una situación amplia de bilingüismo; a partir de ahí, aunque no se conservan testimonios de ello, podemos imaginar continuas transferencias entre una y otra lengua.

Otro ejemplo de estas comunidades es el caso del pueblo maya del estado mexicano de Yucatán. Johnson (1991) explica que en el momento de su investigación vivía un número relativamente alto de personas sordas (en total 13 de una población de 400 personas), nacidas sordas también por cuestiones genéticas. Este colectivo usaba una lengua de signos totalmente desarrollada y distinta de la lengua de signos del resto del territorio mexicano, la lengua de señas mexicana (LSM), surgida de la educación en los colegios de sordos de las ciudades. Las personas sordas del pueblo maya estaban plenamente integradas en su comunidad, trabajando en la agricultura y viviendo en el entorno familiar de estos indígenas con costumbres aún bastante tradicionales. Esta lengua de signos maya se utilizaba en toda la región mexicana del Yucatán y posiblemente su uso llegaba hasta la población maya de Guatemala. En concreto, la gente del pueblo hacía referencia a otro pueblo (a unos 100 km. de distancia) en donde vivía también un número similar de sordos, algunos primos suyos. La comunicación entre ellos era perfecta a través de la lengua de signos, aunque quedaba reducida esta comunicación a visitas ocasionales para participar en las fiestas y actividades sociales tradicionales.

---

[61] Véase al respecto Morin (2001, 33-34).

En la vida del pueblo investigado, la comunicación entre las personas sordas era constante, sobre todo al caer la tarde cuando se acababa el trabajo diario; además, esta comunicación gestual se extendía a las personas oyentes ya que muchas de ellas también sabían signar. Una diferencia que observó Johnson, respecto de los grupos urbanos sordos, es que no encontró ninguna actividad social que se pudiera calificar de típicamente "sorda"; sencillamente, durante el tiempo que duró su investigación, estas personas nunca se reunían para celebrar una actividad orientada al refuerzo de su identidad como personas sordas. Por tanto, para ellas la sordera no era un tema identitario, sino simplemente una situación patológica que habían podido resolver desde el punto de vista comunicativo utilizando la lengua de signos. Y la situación bilingüe que se daba tanto entre los sordos como con una parte de los oyentes había facilitado su integración en el entorno familiar y sociocultural más amplio (el de la cultura de los pueblos mayas, repartidos entre México y Guatemala). Podemos decir que en estos casos la lengua de signos se había desarrollado espontáneamente para resolver su necesidad de comunicación y de relación sociocultural con otras personas sordas, pero también con los oyentes. Este hecho fue posible porque en realidad no eran tan diferentes del resto de los oyentes: todos tenían un estatus económico similar (la población mayoritariamente trabajaba en la agricultura) y coincidían en su nivel de alfabetización (pocos de ellos habían ido a la escuela). [62]

A las comunidades de sordos signantes surgidas de los colegios creados en las ciudades desde el siglo XIX ya nos hemos referido al inicio de este capítulo. Los continuadores de estas comunidades son los grupos de sordos actuales agrupados como adultos en asociaciones y federaciones de personas sordas, pero también las organizaciones de familias con hijos sordos; todos ellos reivindican en la actualidad su derecho a ser considerados legalmente como ciudadanos iguales en las sociedades democráticas en las que viven. Es el tema conocido como enfoque de derechos que continuaremos desarrollando en el próximo capítulo.

---

[62] Puede consultarse Groce (1980) para el caso de Marta's Vineyard; y el de la comunidad maya, tanto en el artículo mencionado de Johnson (1991) como en Morales López (2008). Por último, en el trabajo de Sandler et al. (2014), se hace referencia a otro ejemplo más recientemente estudiado, el de una familia sorda de beduinos Alsayyid en el desierto Negev de Israel.

Capítulo 13

La lengua de signos y el derecho a una vida plena

Comenzamos el tema de este capítulo analizando el siguiente comentario de una madre en una red social, en un debate sobre la utilización o no de la lengua de signos:

> Mi hijo es usuario de doble #implantecoclear y no hay ni habrá ley que me obligue a darle LS. Su lengua materna es la del seno de su familia, por mucho que haya quien se empeñe en decir lo contrario.

Es un argumento que también es defendido por la mayoría de los profesionales de la discapacidad auditiva, lo cual indica que las familias lo reproducen porque es la formación que han recibido: la lengua de signos como último recurso, porque primero está la lengua oral como miembro de una familia oyente.

Nos podemos preguntar en este punto por las implicaciones del marco de interpretación que emerge del comentario de esta madre: es evidente que es el del oralismo. Su hijo es parte de su familia, por tanto, no puede tener otra lengua diferente a la suya. Parece también convencida de que el implante va a dar resultado en su hijo, como así se afirma reiteradamente en los hospitales y se confirma por los profesionales en la escuela.

Sin embargo, ya se viene explicando suficientemente a lo largo de los capítulos anteriores que un niño sordo tiene problemas de audición, aunque sea con implantes; por tanto, el *input* limitado que recibe no le va a permitir desarrollar la lengua oral de manera natural. Excepto en algunos casos (las estadísticas apuntan a un 20%), lo normal es que vaya a tener un cierto retraso lingüístico por ello.

Es posible también que el implante le permita recuperar una parte de la audición y consiga desarrollar la lengua oral en los primeros años de vida; sin embargo, este *input* puede que no sea suficiente cuando los contenidos educativos se complican porque no consigue comprender todas las explicaciones orales de la clase y/o porque la comprensión lectora se hace cada vez más difícil si la lengua oral no está plenamente desarrollada en este nivel educativo. Es, en este momento, cuando el implante da síntomas de que está fallando y la vuelta atrás es irreversible porque ya se ha superado el periodo crítico. Se hacen entonces más evidentes algunos de los trastornos asociados a la privación lingüística.

En realidad, el problema revela que no es lo mismo recuperar la audición que activar el cerebro para el desarrollo de la lengua oral de manera completa. Aquí está el error del oralismo: el de los otorrinos, logopedas y otros profesionales. Rechazan que la solución esté en la visión integral de la sordera. A la madre del ejemplo con el que hemos comenzado el presente capítulo, no se le han explicado bien las consecuencias de tener un hijo sordo: no podrá acceder a la lengua de la familia de forma natural como el resto de sus otros hijos, porque la discapacidad sensorial es de naturaleza diferente al resto de las discapacidades. La naturaleza les ha provisto de otra lengua distinta para comunicarse de forma natural, por ello no son discapacitados psíquicos y podrían llevar una vida plena si se les ofreciera la posibilidad de una educación auténticamente accesible. Sin embargo, no es la accesibilidad rehabilitadora de la inclusión educativa, sino la accesibilidad integral que le proporcionará el bilingüismo: la lengua de signos como L1 y la lengua oral como L2. Es una realidad difícil, pero es necesario que las familias entiendan el problema con los criterios científicos actuales para luego poder aceptar a su hijo sordo tal como es.

Con el fin de profundizar más en esta realidad, veamos el caso de un líder sordo americano, Robert R. Davila, quien perdió la audición a los doce años (su biografía se recoge en el siguiente libro: Lang et al. 2011). Es un caso de éxito porque de una familia latina, emigrante y pobre, llegó a ocupar puestos políticos importantes, tales como el de secretario de Estado en la administración del presidente Bush y rector de la Universidad Gallaudet. Desde la perspectiva psicolingüística, Robert ya había adquirido el español como lengua primera en el momento de su pérdida auditiva por una meningitis a la edad de doce años. Su madre, viuda y con otros hijos a su cargo, aceptó que su hijo sordo ingresara como interno en una escuela de sordos, con lo cual a partir de ese momento empezó la adquisición de la lengua de signos americana (ASL), al mismo tiempo que la lectoescritura en inglés. Su progreso en estas lenguas fue tal que pudo completar su Educación Secundaria, tras ella la universitaria e incluso el doctorado.

Indudablemente, estamos ante la situación de una persona con cualidades extraordinarias porque pudo superar las diferentes adversidades de su vida (la muerte de su padre que incluso presenció cuando aún era niño, la pobreza y luego la pérdida de la audición), pero también hay que reconocer que todo este camino de resiliencia fue posible porque en ningún momento de su vida sufrió aislamiento comunicativo. Cuando perdió la audición, comenzó enseguida a adquirir las otras dos lenguas que llegarían a ser también predominantes en su vida, el inglés y sobre todo la ASL. Si esta última lengua no hubiera sustituido enseguida a su lengua materna (el español), no hubiera sido capaz de progresar como lo hizo. El aislamiento comunicativo provoca en el individuo un deterioro tal que lo convierte en un discapacitado psíquico, con privación lingüística.

Un segundo aspecto de la necesidad de la adquisición de la lengua de signos para un niño sordo, importante también para profundizar con las familias, hay que situarlo en el nivel de los derechos humanos. Esta lengua es un derecho que tiene la infancia con discapacidad sensorial, tanto sorda como sordociega, y no puede ser discriminada por ello. Le permite llegar a ser una persona plena en su vida adulta, pero siempre que se le proporcione como lengua primera, de manera natural, desde sus primeros meses de vida. Esta lengua es la que le posibilita su desarrollo comunicativo, social, cognitivo y emocional, como ya se viene explicando. Es un derecho (el acceso a una vida plena sin esfuerzo comunicativo) que adquieren todos los oyentes al acceder de manera natural a la lengua oral, excepto en casos muy extremos como los "niños salvajes" ya aludidos; pero, en la mayoría de los casos, el sistema educativo se lo impide a la infancia sorda y a la sordociega, como actitud generalizada impuesta por los profesionales de la discapacidad auditiva.

13.1. El derecho a la adquisición de la lengua de signos

Trovato y Folchi (2022) se han planteado en qué consiste este derecho de las personas con discapacidad sensorial: "adquirir y usar la lengua de signos", tal como defiende la convención de la ONU citada a lo largo de este trabajo. La explicación que aportan es la siguiente.

Los derechos de tercera generación incluyen los denominados de "solidaridad"; son los derechos que la ciudadanía va demandando en sus luchas y demandas políticas (principalmente, por parte de ONGs y de otras organizaciones sociales en general) como conquistas para el futuro y como reivindicaciones para ser incluidas en las constituciones democráticas. Esta lista es abierta, incluye derechos como la autodeterminación de los pueblos, el derecho a la comunicación y el derecho a la paz, entre otros posibles que quizás sean aceptados en el futuro.

En cuanto al derecho a la adquisición de la lengua de signos por un niño sordo o sordociego, podemos considerarlo bien un derecho individual, bien un derecho social como sucede con el resto de las lenguas minoritarias. Hasta el presente, se ha tendido a considerarlo desde este segundo caso: el derecho a una lengua minoritaria, por tanto como algo colectivo y grupal, reivindicado por la comunidad sorda adulta. Eso significa que se situaría en el conjunto de los derechos de la segunda o tercera generación.

Sin embargo, el contexto de las lenguas de signos no coincide exactamente con el de las lenguas minoritarias, porque no son lenguas territoriales. Las lenguas habladas minoritarias, por pequeñas que sean las comunidades que las utilizan, se transmiten generacionalmente, pero no así las lenguas de signos. La mayoría de los niños sordos y sordociegos nacen en familias oyentes que no saben nada de la comunidad sorda, como el caso de la madre a la que nos hemos referido al comienzo del capítulo.

Por ello, rechazan abiertamente que su hijo o hija tenga que alejarse de la lengua familiar para empezar a formar parte de otra comunidad. Las familias que logran superar este duelo pronto y asumen que no hay otra alternativa que la de la lengua de signos, si quieren comunicarse bien con su hijo, son pocas. Aquí está el drama de la infancia con esta discapacidad sensorial y de sus familias. Cuando aportan su experiencia es realmente heroica, porque siempre es una búsqueda en solitario, pocas veces con el acompañamiento de los profesionales de la discapacidad auditiva ni de los centros educativos. Tal es el caso del siguiente comentario:

> Un día, cuando nuestro hijo sordo tenía dos años, estábamos paseando por un parque en el que había una fiesta con diferentes puestos de información para asociaciones. En una de ellas, la de la asociación de sordos, había un teatrillo en lengua de signos y vimos que el niño no paraba de mirar a los actores. Ese día nos dimos cuenta de que eso era lo que necesitaba, aprender a comunicarse como ellos. Empezamos a buscar cómo y descubrimos que había un centro bilingüe en la ciudad. Tuvimos todos que aprender esta lengua para no perdernos nada de la comunicación con él; hasta los abuelos lo han hecho (relato aproximado de unos padres).

En este testimonio, se observa, por un lado, el derecho comunitario a utilizar en público la lengua de signos por parte de la comunidad sorda: la asociación de sordos de esa localidad, gracias a la cual los padres mencionados descubrieron la lengua de signos. Pero también el derecho individual de este niño sordo a no sufrir aislamiento en su infancia: la posibilidad de adquirir una lengua natural, como lengua primera. En este caso, una lengua que es distinta a la lengua familiar y que la familia a partir de este momento decidió aceptar como lengua segunda si lo que querían era que su hijo tuviera un desarrollo pleno como persona.

La historia de este niño ha sido de éxito: completó su escolaridad en la Educación Primaria y luego la Secundaria en un centro bilingüe; también respondió bien a la cirugía de implante, recuperando un nivel de audición importante; hoy es un joven bilingüe con una vida prácticamente equiparable a la de los jóvenes oyentes. Sin embargo, ya venimos explicando cómo estos casos de éxito solamente representan el 20% de los implantes cocleares; con todo, la historia que acabamos de contar es un ejemplo de que los sordos signantes implantados existen y, por tanto, no es incompatible el bilingüismo con cualquiera de las prótesis auditivas que decidan los profesionales de la medicina.

Incluso, podríamos considerar que es un caso que confirma la hipótesis ya mencionada de Campbell et al. (2014): por qué no pensar que en el éxito del desarrollo lingüístico de este joven haya contribuido también la adquisición temprana de la lengua de signos (temprana para un niño sordo hijo de una familia oyente que se inicia en la lengua de signos más tardíamente que en una familia sorda) y su escolarización posterior en un modelo bilingüe. En los estudios sobre el bilingüismo, es un hecho generalizado que la adquisición de la lengua segunda se apoya en la primera. Por tanto, en la recuperación de la lengua oral en este individuo implantado pudo haber contribuido también que estaba desarrollando la lengua de signos de manera nativa, en un programa bilingüe en el que había profesores sordos signantes y en su entorno había una unidad familiar totalmente dispuesta a aprender la lengua de signos; incluso con un hermano un poco mayor que ya era también casi nativo de esta lengua y podía hacer de puente para la interpretación en caso de falta de compresión en algún momento de la comunicación entre todos ellos (recordemos que los abuelos también signaban algo).[63]

Por esta necesidad vital de la infancia con discapacidad sensorial de adquirir una lengua natural, Trovato y Folchi (op. cit. 40-41) consideran que la lengua de signos es un derecho de *primera generación*. Es el derecho a la integridad psicofísica, es decir, a la integridad como persona, gracias a la cual podrá desarrollar todas las facultades cognitivas, así como la interacción social adecuada. Son derechos fundamentales, inviolables. La Carta de los Derechos Fundamentales de la Unión Europea, en su artículo 3, se refiere precisamente a este derecho: el de la *integridad de la persona*. Toda persona tiene derecho al respeto de su integridad física y psíquica; en el caso de las personas sordas y sordociegas es el derecho a un modo comunicativo con el que puedan adquirir las competencias necesarias para vivir plenamente su vida. Como este derecho es fundamental, su reivindicación es incuestionablemente más fuerte que el derecho a una lengua minoritaria, concluyen las autoras.

Este segundo supuesto podrá venir más tarde cuando la persona sorda sea adulta y decida libremente ser o no parte activa de la comunidad sorda, e identificarse con sus valores y cultura. Es la experiencia que aportó una persona sorda adulta hipoacúsica cuando relató su vida como sordo bilingüe (en un debate virtual durante la pandemia en el que se trataba el problema de la salud mental de las personas sordas):

> Has comentado lo de estar entre dos mundos y eso es algo que hay que evitar. Yo tengo una posible solución, que es conocer perfectamente los dos mundos para adquirirlos. Yo

---

[63] En Rinaldi y Caselli (2014), se da cuenta de un estudio longitudinal de un niño implantado signante.

estoy en el mundo, y en este mundo mayoritariamente hay oyentes. Pero busco mis iguales para ir adquiriendo su cultura. Así soy bilingüe. La lengua de signos me da felicidad. Yo tuve mucha suerte; de pequeño estuve en un colegio de sordos, poco tiempo, luego me volví al mundo oyente durante muchísimo tiempo. Y echaba de menos a las personas sordas. Pero me considero una persona bilingüe. Mi pregunta es cómo podemos evitar que los niños sordos se columpien, no estén ni en un sitio ni en otro.[64]

Esta decisión libre en la época adulta solo se puede hacer si se le ha ofrecido al individuo el derecho al desarrollo cognitivo pleno y a la participación activa durante la etapa educativa en un proyecto bilingüe integral. Si este desarrollo individual es adecuado, la persona sorda podrá elegir luego cuál es su mejor camino, tal como lo decidió esta persona sorda de la cita.

El problema es cuando ese desarrollo se interrumpe debido a la privación lingüística y la persona con discapacidad sensorial es un adulto que no ha alcanzado su pleno desarrollo cognitivo y psicosocial. Como explican quienes han trabajado en el asesoramiento a familias con hijos sordos, estas personas suelen estar aisladas en su vida adulta, con actividades sociales muy restringidas y dependientes de sus familias. Estas pensaron, de buena fe sin duda, que el oralismo sería la mejor solución para integrar en el futuro a su hijo o hija en el mundo oyente, pero no tuvieron en cuenta que en la vida adulta la comunidad oyente no siempre integra bien a quien no se puede comunicar adecuadamente y sufre deterioro cognitivo por la privación lingüística. Hay muchas actividades comunicativas que requieren de gran habilidad para la comprensión de todos los matices de significado: ironías, significados implícitos, discusiones entre grupos amplios, etc. Quien no se adapte a estas situaciones es fácil que quede excluido, sobre todo en la etapa educativa que marcará tanto la personalidad del individuo antes de su vida profesional.

En un informe de la Asociación AICE (2019, 32 y 78) sobre la incidencia de acoso escolar en alumnado con implantados cocleares, se recoge que el 46% de los encuestados reconoce haber sufrido algún tipo de discriminación, sobre todo debido a las dificultades o barreras para integrarse en grupos de compañeros y el 24,4% manifiesta haber tenido problemas de comunicación. En la respuesta de las familias, la percepción del rechazo a sus hijos se eleva al 58,3%. De forma general, la prevalencia de acoso escolar en España en la infancia y adolescencia con implantes cocleares se situaría en torno al 27,6% (11,3% de forma ocasional y 16,3% de forma severa). Son datos que revelan una incidencia más elevada respecto al acoso en el alumnado en general, cuyos últimos estudios lo sitúan en la Educación Primaria en torno al 10%;

---

[64] Testimonio transcrito del debate "Déjame hablar en mi lengua" (Acceso al vídeo: https://youtu.be/n86YrMC4n0k; un resumen de este debate se publicó en la Newsletter 6, 23, 2020 en www.bilinsig.org/newsletter

un porcentaje que, respecto a la media de otros países, es también elevado y además ha aumentado en los últimos años.[65]

Los resultados de esta encuesta de AICE confirman además que los datos positivos de los implantes no están generalizados en todos los niños y jóvenes sordos; por tanto, sus niveles de audición varían mucho y con ello también aumentan sus dificultades para la comprensión de las situaciones espontáneas en las aulas ordinarias; en estas, puede haber a veces un único sordo y el resto oyentes, lo cual agrava aún más el problema. En este contexto, se entiende también la mayor incidencia del acoso porque se trata de alumnado que no puede seguir el ritmo comunicativo de las dinámicas grupales. Este acoso sería así consecuencia de la discriminación a la que se está sometiendo al alumnado sordo, al que no se le está ofreciendo una lengua natural para que su actuación grupal con otros alumnos signantes pueda ser equiparable a la del alumnado oyente.

Si volvemos de nuevo, como se ha hecho en el capítulo anterior, a la reflexión sobre la evolución humana, los investigadores sitúan la principal diferencia evolutiva entre los primates y los primeros prehomínidos en la agrupación de individuos. Así lo explica Harari (2013, 52):

> De uno en uno, incluso de diez en diez, somos embarazosamente parecidos a los chimpancés. Las diferencias significativas solo empiezan a aparecer cuando cruzamos el umbral de los 150 individuos, y cuando alcanzamos los 1.000-2.000 individuos, las diferencias son apabullantes… Juntos [los sapiens] crean patrones ordenados (por ejemplo, redes comerciales, celebraciones masivas e instituciones políticas) que nunca hubieran podido crear aislados.

Los seres humanos solamente pudieron desplegar y desarrollar al máximo las capacidades cognitivas cuando se crearon lo que estos investigadores denominan las "comunidades locales de íntimos". Este autor las sitúa en el entorno de los 150 individuos, como se indica en la cita; era un número suficiente para permitirles conocerse entre ellos y al mismo tiempo poder cooperar con confianza, y con ello enriquecer la interacción, la imaginación y la ficción, la creación de juegos complejos, entre muchas otras posibilidades. En el presente, las sociedades son más complejas y están formadas por "comunidades de extraños", cuyo número mayor de

---

[65] Véase al respecto el "Estudio sobre el acoso escolar en implantados cocleares", Antonio Rial Boubeta y Laia Zamora Amat (Fundación AICE). http://implantecoclear.org/index.php?option=com_content&view=article&id=531:estudio-de-acoso-escolar-en-implantados-cocleares&catid=1:latest-news&Itemid=50&jjj=1687249932450 El acceso virtual al texto completo puede realizarse en el siguiente enlace: https://drive.google.com/file/d/17Fg6S9afqEC4EMWKXDpSzSzZcMgDxIKt/view Se puede acceder también a diversos estudios sobre el acoso en los siguientes enlaces: https://www.epe.es/es/espana/20230502/primer-estudio-oficial-bullying-espana-alumnos-sufren-primaria-86779877 y https://aepae.es/sae-espana-11229-casos-graves-bullying

individuos se mantiene unido por metas comunes más abstractas, como las de patria, nación, religión, ideologías políticas, sociales, constituciones, etc. En estas comunidades más amplias pueden aún persistir ciertas comunidades locales, con lo cual mantendrían algunas características de las comunidades de íntimos; por ejemplo, pueblos rurales pequeños, iniciativas sociales como comunas, cooperativas, etc. En este punto, podemos incluir también en los países desarrollados a las comunidades sordas agrupadas en las asociaciones de algunas ciudades (Gras Ferrer 2006).

Si extrapolamos esta idea evolutiva al caso de las personas sordas, hay que plantearse también si es posible aceptar que el alumnado sordo y sordociego está realmente integrado en los centros educativos con mayoría oyente si no pueden comunicarse plenamente con la lengua oral. En este sentido, el modelo educativo de la integración solo resulta útil para aquellos alumnos que consigan un nivel de recuperación de la audición relativamente elevado. No dudamos de que haya un grupo de ellos que sí pueden seguir el ritmo de la clase, pero hay muchos otros que, por falta de *input* adecuado, no llegarán a desarrollar toda su potencialidad humana. Su nivel comunicativo bajo reduce sus interacciones a algunos profesores y compañeros, por lo que no lograrán el desarrollo de las distintas funciones del lenguaje. Como indican Madrid Cánovas y Bleda García (2011), arriba citadas, los actos de habla que realizan los niños implantados analizados en su investigación son breves y sencillos, y en comparación con los oyentes muestran un nivel inferior al equivalente de cuatro años.

En algunas comunidades autónomas, la integración educativa permite la agrupación de un número reducido de alumnado sordo, como máximo cinco alumnos por clase; con todo, el resultado no siempre mejora porque no se usa una lengua de signos nativa por parte del profesorado e incluso se reduce a la variedad *pidgin*, es decir, a la lengua oral signada. No es un modelo bilingüe auténtico, sino un proyecto educativo de accesibilidad y rehabilitador, con la única finalidad de mejorar la adquisición de la lengua oral.

Al final, el resultado sigue siendo el mismo: alumnado que no consigue comunicarse plenamente en una lengua natural y, con ello, sus posibilidades psicosociales y cognitivas no alcanzan el nivel óptimo. De ahí que, entre los profesionales que los atienden, esté tan extendida la idea de que el alumnado con discapacidad sensorial tiene algún nivel de discapacidad psíquica asociada. Como ya se ha explicado, es común en el presente el uso del término de "discapacidad asociada a la sordera", con el que se consigue enmascarar la responsabilidad de los profesionales de la audición en la privación lingüística de estos niños.[66] En el capítulo próximo, profundizaremos en cómo analizar, desde la perspectiva lingüística, la producción del individuo con privación.

---

[66] Puede consultarse al respecto Sánchez Amat et al. (2020). La asociación oralista Fiapas incluso publica una guía sobre el tema con el título de "Sordera infantil con discapacidad asociada (DA+)", explicando su posible origen médico y cómo abordarlo. Acceso en www.bibliotecafiapas.es

CAPÍTULO 14

CÓMO EVALUAR LAS COMPETENCIAS LINGÜÍSTICA Y COMUNICATIVA DEL INDIVIDUO CON PRIVACIÓN LINGÜÍSTICA

Así como en la bibliografía generalista en inglés ya se empiezan a encontrar artículos que se refieren a las limitaciones de los implantes cocleares y a su gran variabilidad, en español el panorama de la divulgación está aún dominado por el discurso que niega cualquier limitación de la cirugía de los implantes, como ya se viene analizando en los capítulos previos. A ello se une el uso ya mencionado de la estrategia de la "discapacidad asociada a la sordera", defendida también por las asociaciones de familias oralistas.[67]

No obstante, ya hemos aludido a algunas investigaciones académicas que demuestran la variabilidad de los implantes en el nivel de recuperación de la lengua oral (Madrid Cánovas 2006, y Madrid Cánovas y Bleda García 2011). A ellas añadimos otra más reciente de Moreno-Torres et al. (2016). En esta última publicación, sus autores confirman tal variabilidad de los resultados incluso en niños implantados muy tempranamente. Añaden además otro rasgo preocupante: los efectos relativos al contexto; es decir, la reducción del *input* lingüístico del niño sordo debido a un menor contacto social en entornos menos estimulantes (esto recuerda también lo que afirma Campbell 2014). Ello indica que nos enfrentamos a un aspecto que tiene que ver otra variable añadida: con la actitud de las familias, su formación y, por qué no decirlo abiertamente también –añadimos por nuestra parte– las condiciones sociales más o menos favorables. Incluimos también el caso de las

---

[67] Véase el artículo del investigador Niyazi Arslan (2023) en un diario generalista: https://theconversation.com/cochlear-implants-can-bring-the-experience-of-sound-to-those-with-hearing-loss-but-results-may-vary-heres-why-196097

familias emigrantes con hijos sordos y/o sordociegos, con pocos recursos y con acceso limitado a la información. Era lo que nos decía una vez un padre con un hijo sordo: "Soy médico y cuando nos enteramos de la sordera de nuestro hijo, actuamos rápidamente porque sabemos hacerlo. Cuántas familias no saben moverse por la administración y tampoco están recibiendo ayuda sobre ello".

Asimismo, estas familias acomodadas son las que pueden asignar recursos adicionales para mantener la rehabilitación logopédica privada porque saben de las limitaciones de los recursos educativos públicos. Con todo, aunque estas diferencias socioeconómicas sean sin lugar a dudas algo determinantes, es un hecho ya demostrado, tanto en nuestro país como en los países occidentales en los que se realiza masivamente la cirugía del implante, que la privación lingüística se ha generalizado. Estamos ya ante un problema grave en las familias de todas las clases sociales. Es, además, un tema complejo, que necesita ser abordado seriamente en este momento tanto desde la administración educativa como desde la salud mental.

En los capítulos anteriores, se ha hecho amplia referencia al juicio en el que una doctora solicitaba retirar la custodia a unos padres que optaron por posponer la cirugía del implante para su hijo. Recordemos que, en la alegación final de la fiscal y luego en la sentencia de la jueza, el argumento principal para rechazar la cirugía del implante, tal como era solicitado con urgencia por la doctora, era precisamente la consideración de la privación lingüística como un aspecto grave. Por ello, en términos legales se reconocía como legítimo el hecho de que la familia, totalmente informada de los pros y contras de ambas decisiones, hubiera centrado su objetivo en ese momento en la adquisición de la lengua de signos para su hijo.

Desde la perspectiva lingüística, los distintos investigadores que en las universidades del Estado español defienden la visión integral del alumnado sordo por medio de un modelo bilingüe, tal como se explica desde el Marco europeo, han ido proponiendo diferentes soluciones al problema. Sin embargo, a día de hoy la constatación es que aún no se acepta el problema de la privación lingüística como responsabilidad de las administraciones educativas, mucho menos de la administración pública sanitaria y de la clase médica.

Uno de las propuestas primeras que desde la investigación se ha planteado (tras haber informado ya de ello a las autoridades educativas, tanto estatales como autonómicas) es la de la evaluación lingüística de todo el alumnado sordo y sordociego, con el fin de determinar con objetividad el alcance de la privación actual y de sus diferentes grados. Las reticencias a esta petición se han hecho bien evidentes. Por ello, debido a que en el corto plazo no parece posible conseguir este objetivo, en el resto del capítulo nos detenemos en ofrecer recursos analíticos para que sean los mismos profesionales de la audición y las maestras del aula, también los profesionales sordos u oyentes que trabajan en las federaciones de sordos, quienes puedan empezar a reconocer las características lingüísticas del individuo con privación lingüística y evaluar su grado diverso.

A pesar de lo extendido de la filosofía oralista entre los técnicos del Ministerio de Educación y de los equipos de la discapacidad auditiva en los distintos departamentos y consejerías de educación de las comunidades autónomas, somos optimistas en pensar que no sucede lo mismo con el profesorado que está en contacto diario con este alumnado. Tenemos confianza en que darán los pasos necesarios en su formación para no resignarse al calificativo de que se trata de alumnos que no avanzan ("fracasados") y, aún más negativo, que son discapacitados psíquicos. A todos estos profesionales les dirigimos la siguiente propuesta.

En primer lugar, el objetivo inicial es conocer la historia de aislamiento o no del niño o niña sordo que están tratando (en un capítulo siguiente nos referiremos específicamente al alumnado sordociego): cuánto tiempo ha estado incomunicado debido a que no se ha utilizado con él o con ella un sistema lingüístico natural. La utilización de unos cuantos signos que las familias aprenden de los diccionarios de las lenguas de signos en Internet no es *input* suficiente para salvar la necesidad de interacción que tiene todo niño para adquirir una lengua natural.

Una vez que se ha constatado que el aislamiento ha existido y durante cuántos años, si este niño no se comunica oralmente ni tampoco por medio de signos gestuales, o lo hace a medias en ambas lenguas (es decir, es semilingüe), hay que dudar de los informes educativos previos (e incluyo neurológicos privados que aporte la familia) que concluyen que tiene una discapacidad asociada a la sordera: autismo, TEA, retraso cognitivo, psicosis, etc. Dado que ha sufrido unos años de aislamiento comunicativo y es semilingüe, es más probable que sea un individuo con privación lingüística.

Es la conclusión a la que llega Glickman (2013), ya referido ampliamente a lo largo de este libro, tras su extenso conocimiento como especialista de muchos casos de personas sordas con privación lingüística en una unidad de psiquiatría específica para personas sordas. Según sus datos, el 75% de los pacientes atendidos en dicha unidad tenían privación lingüística, con lo cual deduce que buena parte de sus problemas son consecuencia de este síndrome y no causa de problemas asociados a otras patologías psiquiátricas (tal es el caso de los rasgos psicóticos, típicos de la esquizofrenia).[68]

Entre las características que Glickman (2007) observa en los pacientes con privación se encuentran las siguientes: dificultades para la autorregulación, para la teoría de la mente, problemas de conducta, de la personalidad, depresión, falta de empatía, y experiencias traumáticas y abusivas (a algunas de ellas, ya nos hemos referido en los capítulos iniciales). Gulati (2019) añade a las mencionadas la dificultad para el aprendizaje de conocimientos y el estilo conductual típicamente asociado a "personas de la calle". Además, como se ha indicado, pueden tener problemas psicóticos semejantes a los de los pacientes con esquizofrenia, pero mucho menos frecuentes que en la población oyente; la diferencia respecto a la privación es

---

[68] Sánchez Amat et al. (2020) abordan también la definición del término de privación lingüística.

que el paciente sordo con psicosis no suele tener problemas de fluidez en su lengua; en la privación, el paciente sordo es semilingüe.

En la bibliografía sobre el tema, a veces se usa también el término de "desarrollo atípico del lenguaje" y/o "disfluidez" o falta de fluidez comunicativa. En nuestra opinión, son términos que no reflejan bien la problemática de la privación porque este síndrome no es una patología (o disfunción) del lenguaje adquirida de forma natural, como puede ser el "retraso del lenguaje" que implica una adquisición tardía de la lengua primera en la infancia, el problema de falta de fluidez por algún tipo de afasia u otra causa. La privación lingüística es una "discapacidad provocada" por el modelo educativo basado en la ideología de la integración y del oralismo; no es una "discapacidad asociada", como indican algunos profesionales y se difunde en guías informativas para las familias de diversas asociaciones oralistas, tal como se ha mencionado.

El segundo paso que proponemos, una vez detectada la posible privación lingüística, es proceder a la observación de los rasgos lingüísticos de este alumnado, a partir de videograbaciones de producción discursiva tanto en lengua de signos como en lengua oral: narración de un cuento o un evento, descripción de viñetas en donde sea necesario un cierto nivel argumentativo (principalmente, de causa-efecto) e interacciones espontáneas con un adulto para detectar los rasgos de la teoría de la mente (es decir, los rasgos pragmáticos en el diálogo). Tras ello, proceder al análisis de los datos con la ayuda de signantes nativos y, posteriormente, a la elaboración de un informe sobre el nivel lingüístico para confirmar o no el semilingüismo. Asimismo, acompañar esta evaluación con otras características detectadas en el sujeto que ayuden a valorar el nivel de la privación lingüística: aspectos psicosociales, cognitivos y de nivel de conocimientos.

Indicamos a continuación las características lingüísticas que Glickman (2007) observa en uno de los pacientes que analiza y que pueden servir de guía para la evaluación que proponemos:

1. Vocabulario:
   - Muy limitado con referencia solamente a objetos concretos, con ausencia de signos de significado abstracto
   - Signos realizados incorrectamente
2. Expresión de la noción de tiempo:
   - No sabe el día de la semana ni del mes del calendario
   - Ausencia de indicadores de la ASL que expresan tiempo: HACE-5-DÍAS, AYER, etc.
3. Organización espacial:
   - No organiza los referentes en el espacio

- Uso básico de los verbos deícticos (o direccionales)
- Fallo en la utilización de los verbos con plural distributivo: DAR-A.CADA.UNO vs. DAR-A.TODOS
- Repetición de los referentes en lugar de la utilización de los clasificadores en el espacio

4. Estructuras sintácticas:
- Falta la estructura oracional típica (tópico/comentario) y utiliza el orden de las palabras inconsistentemente
- Ausencia de los pronombres personales para la expresión de la deixis
- Falta de estructuras morfosintácticas para expresar significado gramatical.

Consecuencia de la limitación en el uso de las construcciones lingüísticas que expresan estos significados, se observan dificultades en la narración de hechos. Así lo expresa Glickman en otra publicación:

> Las personas con privación lingüística severa… a menudo tienen dificultades para que [su historia] tenga un principio, una trama y un desenlace, un conjunto definido de personajes o actores, segmentos lógicos, diferentes puntos de vista, y una apreciación de qué detalles son esenciales incluir. Incluso cuando son expertos en la expresión gestual, su discurso y su pensamiento suelen ser imprecisos y difíciles de seguir.[69]

Por esta falta de conocimiento de la ASL, al narrar hechos este paciente suele mezclar también los signos gestuales con la mímica y la pantomima. Su discurso sigue un hilo lógico, aunque parece más bien la descripción de una serie de imágenes expresadas en tiempo presente y sin partículas de conexión entre las diferentes partes. Es un texto propio de quien no conoce la gramática de esta lengua, pero no se reconoce en esta producción otros problemas psiquiátricos asociados. Como forma de comparación con el caso de los pacientes psicóticos, añade Glickman, en la psicosis no se aprecia falta de rasgos gramaticales ni léxicos, aunque sí una desorganización conceptual y de pensamiento propia de esta patología.[70]

---

[69] Blog: "Language Deprivation and Deaf Mental Health: Introduction to a Webinar" (accesible con este título).

[70] Si se desea profundizar en la evaluación de este alumnado en la organización tanto del discurso narrativo como argumentativo, en la web de BilinSig se puede consultar como guía el análisis de una narrativa (nº 2 y 10) y de varios textos argumentativos signados (nº 15, 17 y 18): http://bilinsig.org/recursos-educativos/

En el caso de pacientes con privación, concluye Glickman, se trata de rasgos lingüísticos que no son normales, pero partiendo de la base de que son individuos con una vida que no ha sido normal. La pregunta que él mismo se hace nos parece bien reveladora de la situación: "¿Cómo podemos juzgar lo que es normal para una persona con una experiencia vital tan anormal?" (2007, 142).

A los rasgos lingüísticos mencionados, Gulati (2019) incluye otros a mayores:

- dificultad en la expresión de la relación causa-efecto
- falta de conciencia para tener en cuenta el contexto del interlocutor, sus sentimientos e ideas y experiencias distintas a la propia, e incapacidad para ponerse en su lugar en la interacción (como expresión evidente del fallo en la expresión de la teoría de la mente)
- ausencia de expresiones lingüísticas para minimizar el conflicto.

Finalmente, Gulati se refiere también a las investigaciones neuronales que se han publicado sobre estos pacientes. Como recordatorio de estas publicaciones, a las que ya se ha aludido previamente, se observa en los individuos con privación un procesamiento neuronal infradesarrollado debido a la ausencia de una L1 adquirida; y la reducción de la materia gris en las áreas de asociación visual, un aspecto que contrasta con la de los sordos signantes nativos cuyo nivel aumenta considerablemente.

La conclusión de este último autor, a partir de su experiencia clínica con pacientes sordos, es que dos tercios del total de los tratados son individuos con privación lingüística, por lo que la solución es principalmente lingüística, y de apoyo formativo y terapéutico. Y no solamente es necesario el apoyo a la infancia con privación, sino también a los pacientes en su vida adulta porque algunos de ellos desarrollarán conductas disruptivas que pueden acabar en procesos penales.

De ahí que estos autores incidan no solamente en el daño causado a estos individuos porque se les ha privado de una vida plena, sino también en el perjuicio social que ello conlleva: incremento de la dependencia en individuos que podrían ser solo discapacitados sensoriales, no psíquicos, e incremento de la conflictividad y de la violencia que deberán ser soportadas por sus familias y sus comunidades; acabando finalmente algunos en centros de internamiento y/o prisiones cuando el daño causado sea grave.[71]

---

[71] Más información en Humphries et al. (2012a, 2019). En nuestro contexto, ya tenemos conocimiento de algunos casos muy graves de individuos con privación lingüística. Uno de los más extremos es el de una pareja de sordos que son padres con hijos menores, cuya custodia los servicios sociales han considerado que no pueden asumir y se les ha retirado. Por tanto, estamos ante el caso de unos hijos víctimas del daño previo causado a sus padres.

Capítulo 15

La educación integral en el bilingüismo intermodal de la "educación compartida bilingüe"

Como ya se viene indicando, en la actualidad nos encontramos en un momento crucial: la frecuencia cada vez mayor de la privación lingüística, pero con la oposición de los responsables de las administraciones educativas a reconocer las consecuencias negativas de dicha privación para este alumnado. Además, el conjunto de sus familias aún no ha tomado conciencia de la gravedad del problema, creyendo que la única solución para sus hijos es la que les ofrece su otorrino de referencia; a veces, cuando algunas de ellas reconocen que el implante no está dando el resultado prometido, es ya una edad en las que las secuelas son prácticamente irreversibles.

En este contexto adverso, tampoco podemos obviar el *marketing* de la industria de las prótesis, con mensajes de propaganda para convencer a los potenciales usuarios del avance de la tecnología: "Tecnológicamente se ha avanzado mucho", se puede leer en un vídeo reciente, acompañado de varios testimonios de personas sordas usuarias de implantes y audífonos. Y comentarios como "a primeras, nadie diría que soy sordo", "la gente en la calle no diría que soy sordo", "cuando conozco a una persona, nunca les digo que soy sordo", etc. Es un significado que se construye para convencer al usuario de que estas prótesis convertirán su sordera en algo imperceptible en la interacción con los oyentes. El objetivo es, pues, ser uno más en el mundo de los oyentes.

Por el contrario, desde el bilingüismo el mensaje a las familias tiene el objetivo opuesto: se orienta a que demanden y/o elijan una educación integral para sus hijos por medio de la igualdad de las lenguas; una educación integral para que el alumno o alumna sordo reconozca explícitamente a lo largo de su escolarización que es una persona distinta a la oyente, con unas diferencias físicas, pero también con diferencias psicocognitivas, lingüísticas y culturales. Con todo, tiene que aprender a reconocer su situación de miembro de una minoría lingüística en un contexto donde lo predominante será la lengua oral. Por ello, necesitará desarrollar al máximo su competencia plurilingüe a través de la lengua de signos y de las lenguas orales (habladas y escritas) de su comunidad.

Este segundo consejo no está convenciendo a todas estas familias porque es una solución difícil: aprender una nueva lengua y cambiar sus hábitos comunicativos; además, tienen enfrente a todo el *statu quo*, a la mayoría de los logopedas y directores de CREDA, equipos específicos de sordos… Incluso, como ya se ha anticipado, algunos de ellos son tan defensores del oralismo que no han dudado en ponerse de parte de los otorrinos cuando han decidido optar por soluciones tan drásticas como el requerimiento judicial para la retirada de la custodia de un hijo sordo a sus padres; el objetivo, poder realizar libremente la cirugía del implante.

A pesar de esta dificultad para que llegue esta propuesta a las familias, nuestro objetivo sigue en pie: insistir en que la auténtica solución integral es el bilingüismo intermodal como medio para que el individuo sordo llegue a ser una persona que ha desarrollado al máximo sus potencialidades. Para ello, realizamos a continuación un repaso del modelo educativo basado en dicho bilingüismo tal como se está desarrollando en las distintas comunidades autónomas. Previamente, se expondrán los objetivos de la educación bilingüe y plurilingüe que propone el Marco para la enseñanza de las lenguas reconocidas oficialmente en la Unión Europea, con el fin de mostrar luego su grado de cumplimiento respecto a los estándares bilingües, así como respecto a la Convención de la ONU.

En nuestro país, los centros bilingües para el alumnado sordo se encuentran solamente en algunas regiones: en la Comunidad de Murcia (cuatro centros de Educación Primaria y un centro de Secundaria), en la Comunidad de Madrid (cinco centros y varias agrupaciones en centros con Educación Infantil, Primaria y Secundaria), y en Cataluña una escuela de Educación Primaria (CEIP Tres Pins) y otra de Educación Especial (CEE Josep Pla), las dos ubicadas en la ciudad de Barcelona.

En la web de la Consejería de la Comunidad de Murcia no se aportan datos del número de alumnado sordo en esta modalidad, pero sí ampliamente de su metodología, como se expondrá más abajo. En los centros de la Comunidad de Madrid, está escolarizado el 33% de su alumnado sordo de esta región; el resto asiste a centros oralistas; en esta comunidad es donde se concentra el mayor número del alumnado bilingüe porque incluso acoge a los hijos de las familias que hemos denominado desplazados educativos, aquellas que se trasladan a vivir a esta ciudad o a sus alrededores para poder escolarizar a su hijo o hijos en la modalidad bilingüe. En Cataluña, en el CEIP Tres Pins, el único centro de escuela ordinaria con modalidad bilingüe, su alumnado representa solamente el 7% del total (en el curso 2022-23, alrededor de veinte alumnos). El CEE Josep Pla, también bilingüe, tiene una *ratio* mayor porque acoge a alumnado sordo con otras discapacidades y a alumnado sordo inmigrante.[72]

En el resto de las comunidades, no hay modalidad bilingüe, sino integración del alumnado en centros ordinarios, atendidos a veces con intérpretes y/o logopedas en lengua de signos o con maestras de Audición y Lenguaje; para estas últimas, no es requisito el conocimiento de la lengua de signos. En algunos casos, puede haber cierta agrupación de alumnado sordo, pero no se trata de un proyecto bilingüe consolidado. El modelo de integración predomina también en el resto de Cataluña, porque tal como se ha indicado los dos centros bilingües se ubican en la ciudad de Barcelona; estos centros también acogen a hijos de familias que se desplazan cada día a la ciudad desde municipios ubicados hasta a 100 km.

Así pues, en la mayoría de los casos, el objetivo general de la educación sorda en nuestro país es la rehabilitación de la audición del alumnado sordo para conseguir su alfabetización en la lengua oral. En los centros en los que hay intérpretes o logopedas, no siempre se provee este servicio en todo el horario escolar porque el objetivo es potenciar la comprensión auditiva, dado que la mayoría del alumnado lleva un implante coclear o, en su defecto, un audífono con cierta respuesta auditiva.

Se trata pues de un modelo educativo que parte del supuesto de que la respuesta tras la cirugía del implante coclear va a ser positiva; no se ha tenido en cuenta en su diseño la variabilidad que ha resultado tras ello, como ya se ha explicado, y que está causando la privación de buena parte de este alumnado. En la mayoría de las comunidades autónomas se ha prescindido de un modelo bilingüe integral que atienda a la adquisición de las dos lenguas desde el principio de la escolarización, de forma que se asegure la adquisición de una L1 desde los primeros años. Tampoco se han realizado evaluaciones rigurosas y transparentes de los niveles lingüísticos cuando por las asociaciones de familias han ido teniendo conocimiento de continuos casos de privación, algunos como ya venimos refiriendo en grado severo. La reacción de buena parte de las responsables de educación en las administraciones competentes ha sido el rechazo abierto de los casos negativos que se ofrecían desde estas asociaciones.

Este es el punto en el que nos encontramos en el presente: un conflicto abierto entre buena parte de las administraciones educativas y las familias defensoras del bilingüismo (asesoradas también por la comunidad académica especialista en el tema). Con todo, a pesar de la existencia de este grupo más consciente sobre la importancia del bilingüismo, en general se observa que la mayoría de las familias no ha tomado un rol activo para afrontar el problema de forma integral, a pesar de que

---

[72] El *Departament d'Educació* considera que hay otros centros bilingües para la atención del alumnado sordo. Sin embargo, en nuestra recogida de datos, hemos comprobado que en ellos no se utiliza la lengua de signos, sino el bimodal o la lengua oral signada. Por tanto, no son auténticos centros bilingües, sino centros que utilizan los signos gestuales como forma de acceso a la información.

en muchas de ellas está en juego la integridad psicosocial y cognitiva de sus hijos e hijas.

Dado que el objetivo de este trabajo es también la formación de estas familias, nos detendremos a continuación en la explicación de los requisitos de un modelo bilingüe que equipare la educación sorda a la oyente; un bilingüismo sin discriminación, tal como se propone en la Convención de la ONU (2016) y se presenta desde el Marco europeo. A partir de aquí, se irá detallando el nivel en el que se encuentran los modelos educativos de algunas de las administraciones educativas del Estado; casi todas tienen transferidas las competencias a los departamentos o consejerías de educación de los gobiernos autonómicos.

Partimos del principio ya generalizado en la Lingüística de que la lengua de signos es una lengua humana tan completa como el resto de lenguas orales y, por tanto, apta para conseguir el desarrollo cognitivo pleno del niño y joven sordo. Por esta constatación científica, es una lengua reconocida en los organismos internacionales, también en la Unión Europea y en sus países integrantes. De esta forma, en Europa el bilingüismo intermodal tiene que inspirarse y desarrollarse con los mismos presupuestos que el bilingüismo de las lenguas orales, a partir de las directrices del Marco en lo que se denomina el enfoque plurilingüe (Consejo de Europa 2001, 4-5).

Este modelo parte del hecho de que la experiencia lingüística de una persona, en cada uno de sus contextos culturales, se expande desde la adquisición de la lengua del hogar hasta la adquisición de la lengua de la sociedad en su conjunto y de aquí se puede avanzar hacia la adquisición de la lengua de otros grupos (sea por un aprendizaje en la escuela o por experiencia directa). Este proceso cognitivo no implica mantener estas lenguas y culturas en compartimentos mentales separados, e incluso incompatibles (este es el gran error del oralismo en la educación sorda y su anacronismo hoy), sino que se trata de construir una competencia comunicativa en la que intervenga todo el conocimiento y experiencia lingüística de la persona, y en la cual las diferentes lenguas adquiridas se interrelacionen e interactúen.

Como consecuencia de este enfoque plurilingüe dinámico, el Marco propone, para la enseñanza de las lenguas reconocidas en Europa, un modelo construido a partir de los siguientes rasgos: multifuncional, flexible, abierto, dinámico, motivador y antidogmático. Es decir, una propuesta educativa acorde con su definición de bilingüismo y cuyo último objetivo es considerar a los usuarios y aprendices de una lengua como agentes sociales, miembros de una sociedad que tienen que cumplir tareas comunicativas diversas, en múltiples circunstancias y contextos (Consejo de Europa 2001, 9).

15.1. El bilingüismo intermodal (lengua de signos/lengua oral) en el contexto educativo europeo

En el bilingüismo intermodal, no dudamos de que el objetivo plurilingüe del Marco puede ser también asumido. Partiendo de la evidencia científica aludida de que la lengua de signos es una lengua de pleno derecho y también ha sido reconocida legalmente en Europa, no hay ninguna razón para no equiparar este bilingüismo con el de las lenguas orales. De esta manera, el bilingüismo que incluya la lengua de signos y la lengua oral debe cumplir los mismos objetivos porque en el primer caso estamos también ante un sistema lingüístico completo utilizado por un grupo social (la comunidad sorda) que ha desarrollado igualmente su propia experiencia cultural.

Además, el colectivo de personas sordas muy rara vez va a vivir en una situación monolingüe (al menos, en las sociedades desarrolladas), porque se trata de un grupo social de carácter no territorial, como ya se ha indicado arriba, y en permanente contacto con la lengua o lenguas orales de las comunidades donde se ubica. Por consiguiente, el niño sordo que comienza el proceso de adquisición de la lengua de signos y/o simultáneamente la adquisición de una o dos lenguas orales irá expandiendo su competencia comunicativa en una situación plurilingüe de contacto continuo entre sus diferentes sistemas lingüísticos (Plaza Pust y Morales López 2008). De ahí que, en este caso, tiene que adquirir una competencia comunicativa rica en donde uno de los objetivos prioritarios sea la reflexión contrastiva de las características gramaticales de la lengua de signos y de las lenguas orales de su comunidad; también de la lengua extranjera obligatoria.

Otro aspecto importante del bilingüismo, y también del bilingüismo intermodal, es determinar lo que se entiende por competencia comunicativa de un individuo en el aprendizaje de lenguas. Para el Marco, la competencia comunicativa de un aprendiz incluye tanto la dimensión lingüística, como la sociolingüística y la pragmática. La primera atañe a las habilidades propiamente gramaticales: fonológicas, morfológicas, léxicas y sintácticas; la segunda incluye el conocimiento de las diferencias lingüísticas relativas a las distintas zonas geográficas, a las diversas situaciones comunicativas y a la variedad de grupos sociales (respectivamente, dialectos, registros y sociolectos); y la tercera se refiere a la habilidad para adecuarse a las variadas situaciones de uso y de géneros discursivos: actos de habla, cortesía, normas de interacción, cohesión y coherencia discursivas, etc.

Estos niveles de competencia tendrán que activarse y desarrollarse en los diversos ámbitos posibles de una actividad lingüística: recepción, producción, interacción y/o mediación. Los dos ámbitos primeros se refieren a las clásicas habilidades de comprender, hablar, leer y escribir; la interacción es la capacidad del individuo para la comunicación interpersonal y, finalmente, la mediación conlleva la habilidad para la traducción y la interpretación.

Otro aspecto destacado de la propuesta del Marco es la constatación de que el proceso del aprendiz de una lengua (en cualquier circunstancia) es continuo e individual. Nunca dos usuarios de una lengua, tanto si son nativos como no nativos, tienen el mismo nivel de competencia o desarrollan esta capacidad de la misma forma. Por tanto, el objetivo del aprendizaje ha de ser el desarrollo de la conciencia crítica tanto desde la perspectiva plurilingüe como pluricultural del alumnado para que, en este proceso, cada individuo adquiera su propio nivel de competencia. El resultado es siempre una gran heterogeneidad.

Si se compara la adquisición de estas competencias con el caso del alumnado sordo implicado en un modelo educativo bilingüe, la mayoría de los objetivos son plenamente alcanzables, aunque otros son diferentes, como mostramos a continuación.

En primer lugar, en cuanto al desarrollo de la competencia comunicativa en la lengua de signos, la gran diferencia se encuentra en la falta de un sistema de escritura en esta lengua. Este hecho no es exclusivo de la lengua de signos porque existen muchas lenguas orales en el mundo que no tienen un sistema de escritura; pero lo que sí es diferente en el alumnado sordo es que el proceso de lectoescritura en la lengua oral a veces comienza antes de que haya completado el dominio oral de esta L2, por la dificultad auditiva de recibir *input* suficiente.

En segundo lugar, en lo que respecta al desarrollo de la lengua oral, aparece de nuevo otra diferencia respecto al bilingüismo oral. Debido a la incapacidad mencionada para la recepción oral, el alumnado sordo sufre un retraso en la adquisición de esta lengua, por lo que este proceso deberá disociarse en dos habilidades: lengua oral hablada y lengua oral escrita. Para la adquisición de la primera necesitará un proceso de rehabilitación del habla (que puede ser lento y dificultoso, según los sujetos), pero para adquirir la lengua oral escrita el modelo bilingüe ofrece, como una de las vías, el contraste lingüístico con la lengua de signos, lengua en la que el alumno sigue un proceso natural si la adquiere desde la infancia (como ya hemos indicado, equivalente al proceso de una L1), y de la que necesariamente tiene que conocer su gramática. La comparación de esta gramática con la de las lenguas orales (también la de la lengua extranjera obligatoria) será un aspecto fundamental del modelo bilingüe, como lo es en la metodología bilingüe de las lenguas orales.[73]

A pesar de estas divergencias entre el bilingüismo intermodal y el oral, en lo que cada vez más coinciden los investigadores es que cualquier programa bilingüe con el alumnado sordo debe incluir lo más tempranamente posible tanto el aprendizaje de la lengua de signos como de la lengua o lenguas orales de la

---

[73] Puede consultarse al respecto Plaza Pust (2014). Desde la perspectiva didáctica, Díaz Echevarría y Pla López (2021) explican cómo se aborda en Cuba la rehabilitación de la lengua oral como L2 del alumnado sordo.

comunidad. Con todo, los modelos de adquisición simultánea de estas lenguas, defiende Plaza Pust (2016, 61), asumen que la lengua de signos tiene un rol fundamental como la lengua base del desarrollo cognitivo y social del alumnado sordo.[74] Se apoyan para ello en el principio de que, en la adquisición de una lengua en la etapa infantil, la adquisición lo más temprana posible es siempre positiva; ademas, hay que tener en cuenta la existencia del periodo crítico, el momento óptimo de maduración del cerebro para la adquisición de las lenguas de forma nativa, tal como se ha explicado ya ampliamente.

[74] También Domínguez (2009).

CAPÍTULO 16

LA EDUCACIÓN SORDA EN LOS PROGRAMAS DE ALGUNAS COMUNIDADES AUTÓNOMAS

A partir de la explicación anterior que iguala la educación sorda con la oyente según la propuesta del Marco (de obligado desarrollo en la UE), analizamos a continuación cómo cumplen su objetivo distintos departamentos de la discapacidad auditiva en cuatro comunidades autónomas. Comenzamos por dos que explícitamente reconocen la educación bilingüe en el modelo que denominan "educación compartida bilingüe", la integración en clase de alumnos sordos y oyentes con dos profesores o maestros cotutores de aula. Analizamos el material de presentación en sus webs, aunque en las cuatro comunidades hemos realizado entrevistas con profesionales implicados en el modelo, así como con familias con hijos sordos escolarizados en esos centros.[75]

En primer lugar, nos referimos a la propuesta del Equipo Específico de Discapacidad Auditiva de Murcia, con centros bilingües en Educación Primaria y Educación Secundaria. Los centros de Primaria con modalidad bilingüe son cuatro: Santa María de Gracia de Murcia, CEIP Beethoven de Cartagena, CEIP La Pedrera de Yecla y CEIP Alfonso García López de Purias (Lorca); en Secundaria, un solo centro, IES Infante Juan Manuel de Murcia. La página inicial de la web del Equipo Específico ya revela su relación con la lengua de signos, remitiéndonos a diversas páginas de instituciones relativas a esta lengua: principalmente, se destaca la inclusión del centro del movimiento asociativo sordo, la Confederación Nacional de

---

[75] Otros estudios que han abordado la situación del alumnado sordo y su evolución son los siguientes: Delgado Montoto y Bao Fente (2007), Alegría y Domínguez (2009) y Morales López (2008b). Para el caso de la Comunidad de Madrid, aludiremos a otras referencias actuales más adelante.

Sordos Españoles (CNSE).[76] Además, detallan de forma clara que su propuesta educativa es integral:

> Nuestro objetivo es mejorar la educación de nuestros alumnos sordos en todos los ámbitos: lingüístico, curricular, emocional y social, y dotar de herramientas y recursos apropiados al profesorado y a los padres.
>
> Pensamos que podemos colaborar en una mejora de la calidad de vida de este alumnado en su vida adulta.

Es un modelo que pretende completar todos los niveles de la vida de un individuo sordo, como preparación para la vida autónoma. En el ámbito de las lenguas, se utiliza el adjetivo "lingüístico", un término que incluye las dos modalidades de lenguas. En otra página interna, se explicita detalladamente este objetivo cuando describen su modelo bilingüe, denominado Programa ABC, para la integración de los alumnos tanto en Primaria como en Secundaria (la cursiva es del original):

> La finalidad del programa ABC [en Primaria] es la enseñanza de alumnos sordos en un *contexto inclusivo* donde tengan la oportunidad de relacionarse tanto con compañeros oyentes como con compañeros sordos y que tenga en cuenta *su sistema de comunicación preferente, la rehabilitación de la audición, la lengua oral y escrita y la necesidad de intervención especializada* para lograr un óptimo desarrollo *curricular, cognitivo, emocional y social.*

> Los destinatarios son alumnos con *hipoacusia severa, profunda o con implante coclear sin discapacidad psíquica asociada.*
>
> En el caso de aquellos alumnos sordos que tienen un diagnóstico adicional de *discapacidad psíquica,* la modalidad de escolarización *en el centro es aula abierta.*

> En principio, con los alumnos sordos debemos perseguir los mismos objetivos y contenidos que con el resto de alumnos. Pero para determinados contenidos y/o objetivos particulares, a juzgar por el logopeda y por el tutor o especialista, y para casos concretos de alumnos sordos, se requerirá su reformulación, aplazamiento o supresión.

> Esto se refiere a todas las áreas curriculares y, aunque no se deben suprimir objetivos, sí se ha de *trabajar con una metodología apropiada,* que prime la información visual, que sea motivadora y que tenga en cuenta el trabajo por competencias. Así

---

[76] Fecha de consulta de las páginas de estas instituciones el 25 junio 2023.

mismo son fundamentales las adaptaciones de acceso al currículo, la *LSE* y las adaptaciones en los textos.

La modalidad preferente de intervención se realiza dentro del aula, en coordinación con la tutora, transmitiendo la información al grupo de alumnos sordos en su sistema de comunicación preferente, si bien *la lengua de signos se considera beneficiosa para todos los alumnos*, incluidos los oyentes, ya que permite la comunicación con sus compañeros sordos. La profesora del programa ABC sigue la adaptación individual que se ha elaborado para cada alumno o bien la programación del aula si el alumno no requiere adaptaciones en objetivos y contenidos. Asimismo, elabora material adaptado para cada uno de sus alumnos o utiliza el de clase según se considera conveniente. […]

Los objetivos de este proyecto educativo en *Secundaria* son los siguientes:

- Conseguir que los alumnos alcancen el mayor nivel posible de competencias básicas establecidas para la etapa, en función de sus capacidades cognitivas y características.
- Desarrollar al máximo sus *capacidades comunicativas*, tanto en *lengua de signos como en lengua castellana e inglés*, de forma que puedan servirse de los recursos de estas lenguas y utilizarlas en función del contexto. Dado que los instrumentos de comunicación habitual serán las dos primeras lenguas, se ofrece una *educación bilingüe y bicultural*.
- Trabajar de forma prioritaria y específica la *comprensión y expresión escrita*.

La única diferencia realmente significativa [en Secundaria] reside en que la lengua vehicular de este alumnado en el proceso de enseñanza y aprendizaje es la lengua de signos española. Aquí reside la novedad principal de este proyecto, donde en las materias que conforman el currículum no interviene un mediador en la comunicación, como es un intérprete de lengua de signos española, profesional sin atribuciones docentes, sino profesores de Secundaria especialistas en distintas materias, con conocimientos exhaustivos en la lengua de signos española. Además, la *lengua de signos*, como lengua natural de la mayoría de personas sordas, se estudia aquí como *primera lengua*, en la materia optativa de Lengua de Signos Española, impartida por los especialistas en Lengua.

Como se observa en este fragmento largo, ABC es un proyecto de inclusión de los diferentes tipos de alumnado sordo: con diferentes grados de sordera, con implante y con discapacidad añadida; estos últimos, en aulas abiertas en el mismo centro.[77] Por tanto, la integración es completa en este aspecto; ha desaparecido la orientación rehabilitadora como un aspecto diferenciado, en alineamiento con las directrices de la Convención de la ONU. La rehabilitación del habla y de la audición están integradas en el conjunto del programa bilingüe, como un objetivo más en la adquisición de la lengua oral: lengua oral hablada y lengua oral escrita.

En cuanto a la metodología bilingüe, el alumnado sordo está agrupado en una misma aula, compartida con alumnado oyente, y la lengua de signos se considera la lengua primera para el grupo de sordos, con profesorado signante además de oyente. En Secundaria, la novedad del modelo es que hay profesorado que puede signar en la clase de algunas materias, por lo que no es necesario en ellas el servicio de interpretación. El objetivo del proyecto es el conocimiento de la lengua de signos tanto a nivel comunicativo como objeto de estudio gramatical, en contraste con la gramática de la lengua oral de la comunidad, el español.

Preguntados sobre los resultados objetivos del proyecto ABC, el equipo responsable responde que los hay y afirmativamente. Añaden además que la prueba más objetiva de su éxito se encuentra en el hecho de que, en los últimos años, la mayoría del alumnado sordo de este programa ha pasado satisfactoriamente la prueba de acceso a la Universidad. Después, unos continúan su formación universitaria y otros deciden completar su formación con ciclos formativos, como sucede con el alumnado oyente. Por tanto, es un modelo que, aceptando la especificidad educativa de cada colectivo, ha equiparado el alumnado sordo con el oyente.

Respecto al conjunto de los objetivos de la Convención de la ONU, uno de los puntos que este proyecto aún necesita para completar su dimensión integral es la presencia de profesores (o asesores) sordos como parte del equipo docente, en igualdad con los profesionales oyentes. Es algo que los mismos responsables del proyecto reconocen explícitamente como uno de los objetivos que el equipo de la discapacidad auditiva de esta Comunidad tiene que plantearse en el futuro próximo.[78]

Por nuestra parte, consideramos que es necesario abordar este requisito también como una medida de acción positiva; además de ayudar al alumnado a sentirse identificado con modelos sordos signantes, equilibraría los puestos de trabajos tan desiguales ahora para las personas sordas. Es lo que afirman también

---

[77] Así explicaba en 2021 la responsable del programa ABC, Teresa López Vicente, la inclusión del alumnado con una discapacidad añadida a la sordera: "En el proyecto hay también cabida para el alumnado con alguna discapacidad añadida y también para los que tienen algún tipo de problema asociado al procesamiento lingüístico (disfasia, neuropatía, etc.) y no avanzan en la lengua oral. El centro dispone de un ciclo de FP básica de Informática, con profesorado también habilitado en LS, que permite a los alumnos titular en ESO y acceder posteriormente a ciclos de grado medio" (en la Newsletter 7, 25, 2021 (www.bilinsig.org/newsletter/).

[78] Véanse todas estas opiniones y otros puntos futuros de mejora en la Newsletter 7, 25, 2021 (www.bilinsig.org/newsletter/).

Trovato y Folchi, recogiendo en la siguiente cita unas palabras de Harlan Lane al respecto:

> Sin lugar a dudas, algunas ocupaciones implican ejercer poder, y otras solo aceptación de dicho poder. Las personas sordas, sin excepción, están sujetas a las directrices y decisiones de médicos, logopedas y profesores... 'El papel [de las personas sordas] en los programas que prestan servicios a las personas sordas es muy restringido' (Lane 1999, 23) […] Trabajos que se puedan realizar de forma paralela con compañeros oyentes y, sea cual sea la especialidad, deben ser posibles para las personas sordas (2022, 141-142).[79]

La existencia de puestos docentes cualificados para personas sordas nativas en el ámbito de la enseñanza de las lenguas de signos puede ser también un incentivo para incrementar la formación universitaria de la juventud sorda. Es lo que sucedió en España cuando se reconocieron en el sistema educativo las lenguas minoritarias; al principio no se disponía de suficientes docentes titulados para ocupar estos puestos, pero las vacantes libres (al principio, ocupadas de manera transitoria con titulaciones menores) animaron a los jóvenes a matricularse en las facultades de Filología y de Educación con el fin de llegar a ser docentes de estas lenguas.

En segundo lugar, nos referimos al modelo bilingüe de la Comunidad de Madrid, desarrollado por el Equipo Específico de Discapacidad Auditiva, un grupo de especialistas que asesora a los diferentes centros bilingües del área metropolitana: Escuela Infantil Piruetas, CEIP El Sol, Centro Educativo Ponce de León y Colegio Gaudem;[80] este equipo también hace el seguimiento de otras agrupaciones bilingües de alumnado sordo con oyente en distintas zonas de la Comunidad. A lo largo de las últimas dos décadas, tanto los profesionales del Equipo Específico como el equipo directivo de los diferentes centros han trabajado de manera muy coordinada para desarrollar al máximo el modelo bilingüe, denominado por ellos como "Educación compartida bilingüe", la traducción del término internacional "Co-Enrollment Deaf Education" (véase glosario). Con esta denominación enfatizan que su modelo representa una propuesta integral en la educación sorda con la que logran superar las deficiencias y limitaciones del modelo de integración oralista, basado en la inclusión individual de un niño o niña sordo en un aula con el resto oyente.

El proyecto educativo cumple con todos los requisitos que hemos señalado ya en el proyecto ABC para ser un auténtico modelo bilingüe, e incluso con el de la presencia de profesorado sordo nativo como parte activa en los diferentes centros. Por tanto, es un modelo que respeta todos los estándares de la Convención de la ONU,

---

[79] Lane, H. (1999) *The mask of benevolence: Disabling the Deaf community.* Nueva York: Alfred A. Knopf.

[80] Sobre la historia del centro Gaudem y su modelo bilingüe, se puede consultar Alonso et al. (2009).

así como los del plurilingüismo del Marco europeo de las lenguas. En su web, remiten a las publicaciones de sus investigaciones (en colaboración con grupos internacionales) y al material de evaluación del proyecto que han ido elaborando en estos años.[81] Asimismo, en otra de sus últimas publicaciones (de la Fuente et al. 2022), muestran que el objetivo bilingüe que han ido implementando en los diferentes centros es beneficioso para el alumnado sordo implantado. Puede llegar a ser bilingüe con niveles equiparables a los oyentes en la lengua oral escrita, al mismo tiempo que con un buen nivel de lengua de signos.

Como tercera opción en nuestro análisis, hacemos referencia al servicio de los CREDA en Cataluña: "Centre de recursos per discapacitats auditius", dependientes del *Departament d'Educació*, como en los dos casos anteriores. En la web de este departamento se incluye la información relativa a los CREDA y se especifica su finalidad de la siguiente forma:

> Los CREDA son servicios de soporte a los centros educativos en la adecuación a las necesidades especiales del alumnado con graves dificultades de audición, lenguaje o comunicación que interfieren en su desarrollo personal, social y curricular. Su intervención se concreta en tres grandes ámbitos: alumnado y familias; centros y profesorado; zona educativa.

> Se trata de un modelo de atención al alumnado con necesidades educativas especiales y su entorno propio de Cataluña. Actualmente, existen diez CREDA, cada uno con una zona de actuación amplia, generalmente coincide con un Servicio Territorial.[82]

Como se observa, este breve fragmento inicial que explicita el objetivo fundacional de este servicio ya recoge su visión de la sordera como déficit: el objetivo es la rehabilitación de la audición. La prueba más explícita de ello es la de que la audición se resalta en primer lugar, y como algo aparte de la intervención en el lenguaje y la comunicación; como si pudieran separarse estos tres conceptos. En contraste, para el equipo específico de la Comunidad de Murcia, se trataba de un proceso único, corroborado así por las investigaciones científicas. Además, este fragmento del CREDA presenta a los alumnos sordos como sujetos con grave dificultad de audición, lo que afecta a su desarrollo como personas. Por tanto, de esta explicación se entiende que dan por hecho que este alumnado no podrá llevar una

---

[81] Han sido responsables del proyecto sucesivamente Marian Valmaseda, Mar Pérez y, actualmente, Irina Martínez. Es un grupo muy activo también en publicar los datos de las evaluaciones que realizan continuamente y de las reflexiones sobre la mejora de su proyecto: Pérez Martín et al. (2014 y 2019).

[82] https://xtec.gencat.cat/ca/serveis/see/creda/ La traducción es nuestra. En la última década han sido responsables del Departamento de Inclusión, del que dependen los CREDA, Cristina Pellicer e Imma Reguan; esta segunda acabó su mandato en 2022; actualmente la responsable es Laia Asso.

vida normal con otro sistema de comunicación que no sea el de la vía auditiva. Asimismo, parece que se equipara la discapacidad auditiva con la psíquica, dado que este alumnado entra dentro de la categoría de necesidades educativas especiales.

El contraste con la visión de los dos equipos anteriores es evidente: es la diferencia, por un lado, entre una dimensión integral, en la que la lengua oral hablada es parte del programa bilingüe, y, por otro, un servicio orientado a la rehabilitación de la audición, como objetivo prioritario del CREDA.

A lo largo de todo el texto informativo de esta web, no hemos encontrado mención explícita a los dos programas bilingües arriba mencionados: Tres Pins y Josep Pla. Para ello, se tienen que consultar las webs de los propios centros;[83] en ellas se indica explícitamente que se trata de proyectos bilingües, con los objetivos requeridos de todo modelo bilingüe, incluso con profesorado sordo; además, en Josep Pla la directora es sorda signante. Por tanto, se trata de escuelas públicas que cumplen con el estándar de una educación sorda integral.

Sin embargo, es fácil constatar el dilema de estos centros porque sus objetivos educativos no coinciden con los de su CREDA de referencia; como ya se ha mostrado, una institución plenamente oralista. Uno de los comentarios más frecuentes de quienes conocen este modelo bilingüe, así como de las familias con hijos sordos escolarizados en dichos centros, es el de que en la actualidad no hay apenas alumnado sordo nativo que haya adquirido la lengua de signos desde la infancia. La principal razón es que la mayoría del alumnado se ha ido incorporando tardíamente a este modelo bilingüe signante procedente de la modalidad oralista. Cuando este modelo falla en el alumno sordo, es cuando se transfiere al modelo bilingüe. Es otra prueba más del modelo rehabilitador del CREDA, que utiliza la lengua de signos únicamente como recurso último.

Además, tampoco hay una escuela infantil (del centenar de ellas que hay en la ciudad de Barcelona con titularidad pública) que tenga un proyecto bilingüe; es decir, un proyecto para la etapa de 0-3 años, en la que el alumnado sordo pueda adquirir la lengua de signos de forma natural, como el resto del alumnado oyente.[84] Se observa así que el modelo oralista defendido desde las instituciones educativas de Barcelona es también el de que la etapa 0-3 años de un niño sordo se tiene que dedicar exclusivamente para la recuperación de la audición tras el implante. Se le priva con ello del derecho que tiene todo niño (sea oyente, sordo o sordociego) a adquirir una lengua natural desde los primeros años, y con ello de llegar a ser un usuario nativo en al menos una lengua.

En el caso del niño o la niña sordos, la adquisición de la lengua de signos desde esta etapa infantil es totalmente compatible con el implante coclear. Es lo que

---

[83] Respectivamente, https://agora.xtec.cat/ceipmtrespins/ y http://www.ceejoseppla.cat/ca/inici.

[84] Ya se ha explicado más arriba el caso de la escuela infantil Forestier.

demuestran también de la Fuente et al. (2022) en la evaluación que realizan de la competencia lingüística de alumnado sordo implantado y signante, escolarizado en el programa bilingüe de la Comunidad de Madrid.

Nuestro último análisis se centra en el equipo encargado de la discapacidad sensorial de la Comunidad gallega.[85] Incluye tanto la discapacidad auditiva como la visual, cuyos objetivos son los siguientes:

> El objetivo básico y prioritario que nos proponemos es colaborar con la comunidad educativa desde una perspectiva multidisciplinar e interinstitucional para favorecer la inclusión de los alumnos con discapacidad sensorial a nivel socioeducativo y por tanto de forma integral. Y, en este sentido, colaborar en una respuesta educativa de calidad potenciando no solo la vista y el oído, según corresponda, sino también los demás sentidos (tacto, olfato, gusto) que también contribuyen a la totalidad del ser humano.

Según estos objetivos, parece que persiguen una formación integral de este alumnado; sin embargo, en el resto de la página web no encontramos más detalles de cómo lo llevan a cabo ni de los aspectos concretos. Por nuestro conocimiento del contexto gallego, sabemos que en el presente no hay ningún centro bilingüe ni tampoco agrupaciones de alumnado sordo en la comunidad, excepto en algún caso esporádico. Ha habido varios intentos en Educación Primaria y en Secundaria, surgidos por iniciativa del profesorado, pero al final han desaparecido. El modelo desarrollado ha sido el de utilizar la lengua de signos como un recurso de accesibilidad, por medio del servicio de interpretación incluso en Educación Primaria; a veces, no siempre en horario completo.

Ello muestra que el objetivo integral que se explicita en la cita anterior es más bien una estrategia comunicativa que un proyecto educativo real. Además, por Anpanxoga, la asociación de familias que defiende el bilingüismo, tenemos conocimiento de quejas reiteradas de algunas de estas familias por la falta de programas y recursos bilingües que atiendan las necesidades de sus hijos, tal como legalmente tendría que ser posible tras la aprobación de la ley estatal 27/2007. Por tanto, es una ley que según las familias de esta asociación no se cumple en su comunidad.[86]

---

[85] https://www.edu.xunta.gal/portal/node/3699 En esta Comunidad no tenemos conocimiento de ningún responsable directo de esta discapacidad; cuando en 2022 solicitamos una reunión, junto con la asociación de familias Anpanxoga, se nos derivó directamente a la subdirectora de Innovación de la *Consellería de Innovación*. La receptividad de nuestra propuesta para frenar la privación lingüística y la necesidad de un modelo bilingüe para el alumnado sordo no fue muy positiva por parte de esta subdirectora.

[86] Para un resumen de estas quejas, véase la Newsletter 8, 30 2022 (www.bilinsig.org/newsletter/).

Finalmente, si aludimos brevemente al resto de comunidades autónomas con las competencias educativas, la información que nos ha llegado de muchas otras revela que la situación es parecida a la que hemos presentado en Galicia: un modelo de accesibilidad que proporciona el recurso de la lengua de signos como un sistema alternativo cuando falla la audición. Dado que la prioridad en todas ellas es potenciar la lengua oral, también tenemos conocimiento de casos de privación lingüística; algunos son derivados a las asociaciones de sordos para que reviertan el proceso con el aprendizaje de la lengua de signos.

Así pues, en este último caso, en lugar de reconocer por parte de los responsables de las instituciones educativas que el modelo de integración no ha sido eficiente para prevenir la privación lingüística, derivan su solución a las federaciones y/o asociaciones de personas sordas para que palíen los resultados negativos. Por tanto, de lo expuesto anteriormente se observa que el modelo educativo sordo en estas otras comunidades precisa de una reforma urgente para cumplir con los requisitos de la ONU y del Marco europeo.

CAPÍTULO 17

LA LENGUA DE SIGNOS Y SU USO EN ALGUNAS PATOLOGÍAS DEL LENGUAJE

En los capítulos iniciales se ha aludido al primer caso que conocimos sobre la utilización de la lengua de signos como recurso para niños con algunas patologías del lenguaje y que no podían desarrollar una lengua oral. En este ejemplo, los padres siguieron la primera recomendación de sus profesoras y comenzaron a utilizar una "Tablet", es decir, un dispositivo tecnológico con un código restringido para comunicarse con su hijo. Al cabo de un tiempo pensaron en la posibilidad de recurrir a la lengua de signos porque su hijo (de unos siete años) se desesperaba sin comunicación. Buscaron un espacio lúdico donde su hijo pudiera aprender esta lengua y ellos asistir a clases de esta lengua para familias. Al final desistieron de esta otra alternativa comunicativa y, tras ese primer día, ya no acudieron más; no sabemos si buscaron otra solución para el aprendizaje de esta lengua o simplemente no la consideraron viable.

Cuando comentamos el caso a una de las personas responsables de la discapacidad auditiva de la zona, aportándole nuestra argumentación favorable a la adquisición de la lengua de signos para estos alumnos, lo que nos sorprendió fue su respuesta: "No son sordos". Es decir, la lengua de signos no tiene por qué utilizarse con quienes tienen patologías del lenguaje y, por razones neuronales diversas, no pueden desarrollar la producción oral.

Posteriormente, hemos conocido otros dos casos más de niños con problemas para la producción oral y en los que se ha optado también por la mencionada solución de un dispositivo tecnológico con un código restringido de comunicación. En ninguno de estos dos casos, los profesionales acudieron a la lengua de signos. Por último, el cuarto caso del que hemos tenido conocimiento más recientemente es un alumno de siete años que, por una enfermedad sobrevenida (perdió la posibilidad de comunicarse oralmente, aunque al parecer conservaba la audición), ha estado incomunicado durante tres años. Ante la presión de la familia, se decidió finalmente por el traslado a la modalidad bilingüe para continuar su escolarización.

Este rechazo hacia la lengua de signos parece ser una estrategia bastante generalizada en las distintas comunidades del Estado español, a pesar de que desde hace años ya se conoce la utilización positiva en países occidentales de la lengua de signos como terapia comunicativa en el caso de individuos con patologías del lenguaje; por ejemplo, se ha usado en la infancia autista con problemas para el desarrollo de la producción oral. En nuestro contexto, tenemos conocimiento de un caso de éxito en este sentido; el ejemplo de un niño (hoy ya un joven), cuya familia optó por la lengua de signos junto a un grupo de alumnado sordo signante, a pesar de no ser un caso de sordera, sino de incapacidad para el desarrollo de la lengua oral por razones neuronales. Consiguió adquirir la lengua de signos y completar su escolarización obligatoria en un programa bilingüe lengua de signos/lengua oral.

En lo que queda de este capítulo, nos planteamos las posibles razones de este rechazo de la lengua de signos, cuando ya se ha ido explicando en los capítulos anteriores que se trata de una solución evolutiva de la especie humana para resolver la necesidad que ha tenido el *homo sapiens* de comunicarse y desarrollarse plenamente. En la búsqueda de estas razones, acudimos, sin ánimo de realizar una búsqueda exhaustiva, a diversos manuales utilizados en la didáctica de la Logopedia.

El primero es el de Aparici Aznar e Igualada (2019), un trabajo de reciente publicación, en el que se incluye ya un capítulo final sobre las lenguas de signos. En la introducción, se comienza con el planteamiento de qué se entiende por adquisición del lenguaje y se alude a las distintas teorías que se han propuesto para explicar este fenómeno. Por el uso que se hace del término *lenguaje,* se observa que se utiliza como sinónimo de la primera lengua que adquiere un individuo en su infancia. A partir de aquí, se van explicando procesos distintos de esta adquisición, con ejemplos de distintas lenguas orales; y, como ya se ha anticipado, al final de todo se dedica un capítulo a la exposición de las investigaciones que han abordado el proceso de la adquisición de la lengua de signos como primera lengua. En este libro se presentan en igualdad las lenguas orales y las de signos, con la diferencia de que las investigaciones realizadas sobre las lenguas orales están más desarrolladas y el conocimiento adquirido a lo largo de décadas no es comparable al realizado para las lenguas de signos. Por ello, es comprensible que la mayoría del libro se centre en la adquisición de las lenguas orales y solamente uno final se dedique a las lenguas de signos.

En comparación con este trabajo, nos referimos a continuación al manual de Peña-Casanova et al. (2014), en su última edición; es ampliamente citado en las obras de Logopedia. En el prefacio de Anna Civit Canals, ya se hace mención al tema que estamos analizando:

La comunicación humana, como es conocida, integra todas las funciones cerebrales superiores asociadas a la comprensión y la expresión del lenguaje verbal, oral y escrito, así como todas las formas de comunicación no verbal. La comunicación verbal, por tanto, es una función elaborada y muy compleja, ya que el lenguaje y el habla implican funciones auditivas, visuales, cognitivas…

La primera observación relevante es que se equipara el término de comunicación humana con el de lenguaje oral (y el escrito, como derivado de este), en el que incluye también la comunicación no verbal. Tras ello, en el capítulo primero, se explicita que la noción de comunicación no verbal equivale al de querología, es decir, a los gestos que acompañan a la cadena oral. Por tanto, para estos autores, la comunicación humana se lleva a cabo a través del desarrollo del componente oral, acompañado del componente gestual, en su vertiente tanto fónica como cognitiva y neuronal. Además, más avanzado el libro, en el apartado de modalidades comunicativas existentes para el tratamiento de las patologías del lenguaje, se incluye la lengua de signos en el listado del resto de sistemas restringidos de comunicación (palabra complementada, bimodal, etc.), como un simple recurso más al que el profesional puede acudir (op. cit. 408).

Se observa así una gran diferencia respecto al trabajo de Aparici Aznar e Igualada (2019), un libro más actualizado y que recoge los cambios ocurridos en la investigación lingüística al reconocer la igualdad entre todas las lenguas humanas, tantos orales como signadas. Es evidente que el trabajo de Peña-Casanova no está actualizado y no recoge las investigaciones de las últimas décadas que demuestran unánimemente cómo la facultad del lenguaje humano se desarrolla tanto a través de la comunicación oral como de la signada. Es esperable, reiteramos, que un manual de Logopedia dedique mucho más espacio a la lengua oral, pero no por ello puede dejar de estar actualizado en las últimas investigaciones científicas sobre el tema.

Desconocemos el uso que se hace en el presente de este trabajo en la formación de los estudiantes de Logopedia, y Audición y Lenguaje, pero el hecho de que el oralismo esté tan extendido en los actuales profesionales de la discapacidad auditiva y en los profesionales médicos en nuestro contexto sociocultural es una prueba de que en su momento se formaron con los mismos argumentos que se explicitan en este texto.[87]

Por ello, en este contexto formativo plenamente oralista, se entiende que la lengua de signos no sea un recurso al que se acuda para el tratamiento de ciertas patologías del lenguaje cuando se advierten problemas con la recuperación de la lengua oral: autismo, problemas en el procesamiento del habla, retrasos graves, etc. No todos estos alumnos serán capaces de desarrollar la lengua de signos completa, pero lo que más sorprende es que se recurra a los sistemas restringidos de

---

[87] Esto mismo se puede comprobar en otras publicaciones similares, fácilmente accesibles en Internet.

comunicación (vía dispositivos tecnológicos, como una "Tablet", a la que se refieren las familias) como única solución para el problema de este alumnado.[88] Evidentemente "no son sordos", como indicaba el profesional arriba referido, pero son seres humanos cuya vida más plena depende del desarrollo posible de una lengua natural, y no de un sistema restringido (pictográfico o ideográfico), ni siquiera de un sistema gestual como el bimodal y/o la lengua oral signada que son variantes *pidgin*.[89]

Teniendo en cuenta la Convención de la ONU (2016) sobre los derechos de las personas con discapacidad, en el sistema educativo de un país firmante la educación inclusiva e integral debería incluir también la opción de probar con la lengua de signos en ciertos casos de patologías del lenguaje (y animar y ayudar a las familias con esta decisión); luego ir adaptando la complejidad de esta lengua a las circunstancias de cada individuo. Esta fue la opción elegida para el joven con una patología del lenguaje aludido arriba, cuya escolarización obligatoria fue en la modalidad bilingüe en lengua de signos. Constituye una prueba de que algunos de ellos podrán llegar a ser plenamente signantes. Por tanto, tendría que ser una opción obligatoria en el sistema educativo del Estado español (como firmante de la citada Convención) para el conjunto del alumnado con problemas para el desarrollo de la lengua oral, como forma de prevenir su privación lingüística.

---

[88] Puede consultarse Pérez Sanz (2011) para un panorama de los dispositivos tecnológicos utilizados en la rehabilitación del alumnado con patologías del lenguaje.

[89] En el ámbito logopédico se denominan sistemas alternativos y aumentativos de comunicación (SAAC) (Peña-Casanova 2014, 496).

Capítulo 18

La situación actual de la educación del alumnado sordociego

Además de las publicaciones mencionadas en el capítulo 3, otra fuente para profundizar en la sordoceguera es un informe de la Unión Europea, publicado en 2014, que recoge información sobre esta discapacidad a partir de un cuestionario realizado en diversos países europeos, incluida España. El documento puede descargarse de la web de la asociación FESOCE, Federación de sordociegos de España, que reúne a otras asociaciones autonómicas como APSOCECAT en Cataluña, APASCIDE en Aragón, entre otras (https://fesoce.org/entidades-miembro/).

Un hecho que resalta este informe y que es relevante para el tema educativo que nos ocupa en este capítulo es que cada vez sobreviven más niños sordociegos a la prematuridad y a las enfermedades de la infancia, y su esperanza de vida es mayor (p. 11). Por ello es probable el aumento de la sordoceguera y con ello la necesidad de profesionales que conozcan bien esta discapacidad; también se hace necesario que las necesidades de las personas sordociegas figuren en las decisiones políticas a nivel europeo.[90]

La sordoceguera fue reconocida a nivel comunitario en 2004 (Declaración 1/2004). Y en 2008 la Convención de las Naciones Unidas sobre los derechos de las personas con discapacidad consolidó los derechos fundamentales de este colectivo, estableciendo un marco legal para garantizar el acceso pleno e igualitario a ámbitos

---

[90] El informe recoge para España una población estimada de 200.000 personas, urgiendo también a una recogida más precisa de información desde las escuelas y los servicios sociales para que luego sea recogida en un censo estatal; es algo que a día de hoy aún no se ha completado, como hemos referido más arriba para la discapacidad en general y que reclamaba el CERMI en su informe último.

como el empleo, la educación, la salud y la justicia. Como ya se ha hecho referencia arriba, la Convención posterior sobre el derecho a la educación (2016) establece como obligación también del alumnado sordociego una enseñanza en el medio de comunicación más apropiado para el máximo desarrollo personal, académico y social, tanto en los entornos escolares formales como informales (art. 16). En el caso de que la pérdida auditiva sea significativa, únicamente es posible cumplir este deber con la adquisición de una lengua natural, la lengua de signos apoyada, no con sistemas restringidos de comunicación como opciones únicas, sustitutorias de una lengua natural; tampoco con la rehabilitación de la lengua oral exclusivamente como se defiende desde el modelo educativo de la inclusión, con el fin de obtener el mayor partido de las ayudas protésicas e implantes también presentes en este colectivo. De otra manera, se expone al individuo sordociego al mismo peligro de la privación lingüística descrito para el colectivo sordo; es por ello que en las páginas anteriores, a medida que íbamos exponiendo el tema de la privación, se hacía a veces mención al individuo sordociego y a su necesidad vital de comunicación desde el primer año de vida (si es de tipo congénito), en un entorno comunicativo natural de atención temprana que acepte sus características propias.

Volviendo al informe europeo mencionado, entre sus recomendaciones para la mejora de la vida de este colectivo, se encuentran las siguientes (p. 24-25 y 33):

1) Asegurar la comunicación con el fin de promover su independencia en la vida adulta. Toda persona con sordoceguera tiene la capacidad de comunicarse, por lo que es la falta de formación en los métodos de comunicación lo que les puede restringir las oportunidades de vivir una vida plena y activa. En otro momento del documento (p. 33), se precisa el derecho a un entorno de vida en comunidad, en el que la norma no sea el recurso de las casas comunales y centros clínicos.

2) Financiar por parte de los estados los programas de capacitación para las personas sordociegas y sus familiares, así como para las organizaciones que los atienden.

3) Formar intérpretes y/o mediadores suficientes para trabajar con este colectivo, con el fin de liberar a la familia exclusivamente de este servicio.

4) Formar educadores con un título estandarizado para la sordoceguera y asegurar la educación del colectivo lo más temprana posible.

Respecto al deber de asegurar la comunicación, en el apartado relativo a la situación española se indica que no está asegurada la formación de las personas sordociegas para aprender nuevos métodos de comunicación; con todo, el servicio de intérpretes y/o mediadores sí que está más extendido que en otros países reportados, pero es un servicio ofrecido desde las organizaciones sociales, no financiado por las administraciones (p. 28). En cuanto a la posibilidad de elegir la forma de vida, el informe detalla que en España no se asegura la ayuda para elegir el modo de vida en la etapa adulta; además, en ese momento, se incluía a España en el grupo de estados en el que no existen mecanismos establecidos para que las organizaciones colaborasen en el desarrollo de políticas de discapacidad (p. 32). Respecto al modelo educativo, se indica que en el caso español no hay escuelas especializadas para el alumnado sordociego que cubran la educación completa desde la etapa inicial de 0 años ni tampoco existen programas especiales para la formación permanente de adultos (p. 45-46).

En general, se observa que este informe no sitúa al Estado español entre los estados más avanzados en la atención a la sordoceguera, aunque en algunos aspectos concretos se hayan conseguido ciertos resultados. En las entrevistas que hemos realizado a personas de diversas asociaciones que se dedican a este colectivo, se confirma esta situación; hecho que se ha agravado en las últimas décadas, nos dicen, con el modelo educativo de la inclusión: los centros tradicionales para el colectivo sordociego se han desmantelado y su educación se realiza aisladamente en su centro ordinario, atendido por mediadores. Estos mediadores son externos al centro educativo; la mayoría de ellos financiados por la ONCE (Organización Nacional de Ciegos Españoles), una entidad que tiene firmado un convenio con el Ministerio de Educación y recibe fondos públicos para ello a través de FOAPS (Fundación ONCE para la atención de personas con sordoceguera).[91] Otras entidades más recientes, tal es el caso de algunas organizaciones autonómicas integradas en FESOCE, han intentado también hacerse un hueco en este servicio de mediación, pero no les está siendo fácil dada la tradición establecida de la ONCE (hay quien califica su actuación de "monopolio").[92]

---

[91] Tal como se recoge en su página digital www.foaps.es, es una Fundación de carácter asistencial creada a instancias de la Organización Nacional de Ciegos Españoles (ONCE), y constituida el 20 de julio del 2007. FOAPS tiene como fin promover el desarrollo de programas dirigidos a la atención de las necesidades específicas de las personas con sordoceguera que sean beneficiarias de la misma, poniendo particular interés en los relacionados con la educación y el empleo, al objeto de procurar la integración socio-laboral y mejorar la calidad de vida de este colectivo y favorecer su desarrollo humano e intelectual.

[92] En la revista de FESOCE, nº VIII (2020), en acceso abierto en su web (https://fesoce.org/wp-content/uploads/2020/12/Revista-Fesoce2020.pdf), su presidente Ricard López alude precisamente a esta exclusividad de la ONCE en términos de discriminación por parte de la administración estatal. El decreto 33/2020 evidencia cómo se denegó la parte correspondiente de los fondos extraordinarios por la covid a su entidad (a pesar de cumplir todos los requisitos legales), en favor exclusiva de la ONCE (a través de FASOCIDE y FOAPS). Se da el caso, además, de que esta última despidió al 90% de los mediadores en la pandemia, dejando a 500 personas sordociegas sin atención comunicativa. Por tanto, interpretando esta información por nuestra parte, FOAPS recibió fondos extraordinarios cuando por otro lado se los había ahorrado en el momento más álgido de la pandemia.

El problema de fondo parece situarse en la definición misma de la sordoceguera. En el informe europeo se especifica lo siguiente:

> … [E]s evidente que no hay suficientes servicios específicos para la sordoceguera en la mayoría de los estados. La sordoceguera no es lo mismo que la sordera o la ceguera, pero con frecuencia las personas con sordoceguera deben acudir o solicitar servicios a través de organizaciones que no satisfacen sus necesidades. Esto amplía las capacidades de otras organizaciones y no es bueno para las personas con sordoceguera que quieren apoyo especializado para comunicarse o tener movilidad. La prestación de servicios para la sordoceguera todavía es una entidad emergente, sobre todo en los estados donde las organizaciones de sordoceguera todavía son relativamente nuevas, pero se deben ver como una oportunidad, no un inconveniente (p. 57).

Como se indica en la cita, la identidad de una persona sordociega es algo más complejo que la suma de las otras dos discapacidades, ya mejor definidas en el presente, la sordera y la ceguera. Se trata de una nueva realidad que necesita ser abordada específicamente a partir de la educación temprana en el caso de la sordoceguera congénita, y luego según sus necesidades comunicativas a lo largo de la vida en el caso de la sordoceguera adquirida. Entre las conclusiones del informe, se opta por el reconocimiento de la especificidad de esta discapacidad, para lo cual se insta a recoger datos comunes en toda Europa por parte de un único centro europeo de recursos; los estados miembros deben adoptar así una terminología común con el fin de describir esta discapacidad y sus necesidades, y poder realizar posteriormente la evaluación comparada necesaria (p. 60).

En la cita anterior del informe, se alude además a la posible coexistencia en los estados miembros de organizaciones tradicionales junto con otras emergentes que abordan esta discapacidad desde la dimensión nueva de su especificidad. Este es el caso español. Las opiniones recogidas para este trabajo revelan el conflicto entre lo tradicional, la sordoceguera abordada exclusivamente desde la mediación de la ONCE, una organización centrada en la ceguera, a la que la administración educativa ha cedido también la responsabilidad de este colectivo; y las perspectivas más actuales, en la línea del informe europeo, en las que la sordoceguera sea considerada independientemente de la ceguera y de la sordera, aunque tenga relación también con ellas por razones obvias. Esta es la posición que parece defenderse desde el resto de asociaciones agrupadas en FESOCE. Con todo, la relación con la ONCE se considera un aspecto positivo desde ASOCIDE Cataluña, ya mencionada en el capítulo 3, porque el colectivo sordociego adulto recibe así un apoyo considerable por parte de una entidad muy consolidada en nuestro país.

En este debate, añadimos por nuestra parte que es necesario repensar también la función de las administraciones educativas: si es acorde con el derecho a la educación integral de las personas con discapacidad que los recursos específicos que esta discapacidad necesita sean aportados exclusivamente desde el asociacionismo y no desde los departamentos de educación de las comunidades autónomas, como en el resto de alumnado. Entendemos que el asociacionismo sea relevante en la vida adulta de este colectivo, como así se reconoce desde ASOCIDE Cataluña, pero es discriminatorio que se haga en la etapa escolar. Es lo que se deduce del mencionado informe de la ONU (2016) sobre el derecho de las personas con discapacidad a una educación inclusiva e integral.

El modelo de integración bilingüe que venimos defendiendo para el alumnado sordo se necesita extender también al alumnado sordociego y acabar con el modelo de un alumno aislado en un centro ordinario, con una mediadora y el resto alumnos oyentes; además este modelo bilingüe tiene que incluir también maestros especialistas en sordoceguera. En relación con la discapacidad auditiva, el niño o joven sordociego, independientemente de su grado de ceguera, es también sordo; por tanto en su vida necesitará integrar la lengua de signos y/o lengua de signos apoyada; una lengua que tiene que adquirir en grado totalmente nativo si estamos ante una discapacidad de tipo congénito y/o en el grado más completo posible a medida que la sordera o la pérdida de visión vayan avanzando. Si esto no se produce, la privación lingüística será la característica dominante de este colectivo. En este punto, el resultado es paralelo al de la privación del colectivo sordo, como estamos también constatando en los casos que conocemos: personas semilingües y, consecuencia de ello, con grave deterioro cognitivo y psicosocial, incapaces de llevar una vida autónoma.

Desde la perspectiva lingüística y la psicolingüística, la sordera y la sordoceguera necesitan ser consideradas discapacidades cercanas porque comparten el recurso de la lengua de signos y el peligro del síndrome de la privación lingüística. Esto no sucede con la persona ciega debido a que su proceso de adquisición de la lengua primera será coincidente con el de los oyentes: adquirirá la lengua de su entorno familiar; su L1 coincidirá con su lengua materna. Esta es la gran divergencia, como venimos explicando sobradamente a lo largo de este trabajo, respecto al individuo sordo y al individuo sordociego. En este último caso, no negamos su especificidad propia, tal como se ha aludido arriba y en el capítulo 3, pero desde la dimensión integral que defendemos debe ser tenido en cuenta el *continuum* que existe entre sordera y sordoceguera.

La lengua de signos y la lengua de signos apoyada no son dos lenguas distintas, sino dos variantes que se utilizan en función de las necesidades del individuo sordociego: en el nivel de la producción, el signante sordociego puede signar en el aire a unos interlocutores con visión (a distancia normal o a una distancia corta) o signar de forma apoyada cuando interactúa con otros signantes sordociegos; y, en el nivel de la recepción, quizás solo pueda comprender mensajes signados a distancia corta o por medio de la lengua de signos apoyada. Sin embargo, todo depende de la diversidad de situaciones de sordoceguera en la vida adulta. Nos parece muy ilustrativo al respecto, el listado que realiza FASOCIDE en su página web, y que sirve como resumen de todo lo expuesto:

> Algunas personas sordociegas se encuentran en una situación de especial vulnerabilidad y para poder acceder a su entorno, interactuar con él y aumentar su nivel de autonomía, requieren de un apoyo adicional: personas con sordoceguera sobrevenida que necesitan adaptarse a la nueva situación, personas que sufren una rápida evolución de su sordoceguera o que se encuentran en etapas de cambio o transición y que requieren de un periodo de adaptación y/o aprendizaje, personas sordociegas que viven solas y no cuentan con ningún tipo de apoyo familiar ni social, personas sordociegas con problemas derivados del envejecimiento y la pérdida de facultades, personas sordociegas extranjeras que tienen otro idioma y necesitan aprender o adaptarse a los sistemas comunicativos españoles, personas sordociegas con otras discapacidades añadidas, personas sordociegas con problemas de desarrollo derivados de situaciones de sobreprotección u otras causas, personas sordociegas que no han alcanzado una buena competencia en ningún sistema de comunicación o que no tienen un sistema de comunicación adecuado a sus necesidades, etc. (https://www.fasocide.org/facilitacion-comunicativa-y-social/).

Todo ello implica la adquisición de una gran competencia comunicativa tanto para los interlocutores sordociegos como para los mediadores y/o guías-intérpretes. Por este motivo, en el aspecto relativo a la adquisición de la lengua de signos y a la adaptación a los distintos interlocutores que acabamos de señalar, tenemos que añadir las mismas exigencias que planteábamos para la educación sorda: la necesidad de maestros (o especialistas) nativos de la lengua de signos y/o lengua de signos apoyada para que el signante sordociego llegue a ser realmente nativo de esta lengua; asimismo, la necesidad de crear un cierto grado de comunidad sordociega en este colectivo para que su vida social no se reduzca a la interacción con sus progenitores y a su mediador o mediadora.

Souriau et al. (2009, 97-100) reclaman precisamente este requisito de que los mediadores comunicativos dispongan de gran fluidez comunicativa y capacidad para el ajuste comunicativo con el fin de poderse adaptar al estilo comunicativo de cada sordosignante. Asimismo, estos profesionales necesitan trabajar para conocer la microcultura en la que se desarrolla la vida de esta persona (en este punto, se están refiriendo a la sordoceguera congénita) y construir con ella un marco común de atención, porque no se debe subestimar el potencial cognitivo de una persona sordociega congénita (op. cit. 104).

Con estos requisitos, por qué no pensar en especialistas sordos y/o sordociegos que trabajen como profesores nativos de la lengua de signos tanto en los centros educativos como en los centros de adultos; también como mediadores sordos, en colaboración con mediadores oyentes, estos últimos para ser el puente con los oyentes. Con este *input* comunicativo nativo, quizás se pueda superar el problema de aislamiento, dispersión y vulnerabilidad que afecta a este colectivo (op. cit. 105).[93]

---

[93] Recordamos al respecto nuestra propia experiencia en 1999 en la Universidad Gallaudet, en Washington DC, un centro universitario que acoge tanto a alumnado sordo como sordociego: la constante presencia en las clases de Lingüística de estos dos tipos de alumnado con sus servicios respectivos de interpretación, y luego en todo el campus el alumnado sordociego con una vida autónoma (en la biblioteca, cafetería, etc.), la mayoría ayudado por un perro-guía.

CAPÍTULO 19

PERSPECTIVAS DE FUTURO

Tal como se indica en el prólogo, este trabajo es el resultado de una investigación empírica iniciada en 2018, cuando decidimos acercarnos a un mejor conocimiento de las necesidades del alumnado sordo a través de las opiniones de sus familias, agrupadas en diversas asociaciones; después continuamos recabando información sobre el alumnado sordociego. Estas opiniones junto al análisis e interpretación del resto de datos relevantes para comprender mejor lo que estaba sucediendo -presentado en los diferentes capítulos-, puede también considerarse en su conjunto la evaluación del modelo educativo de la inclusión en las dos últimas décadas en España.

La defensa de este modelo, por parte de los responsables de las administraciones educativas (estatales y autonómicas), se ha producido en paralelo a la confianza tan positiva depositada en la cirugía de los implantes, no solo en nuestro contexto, sino en el resto de países desarrollados. Tras ello, nos encontramos en la actualidad con la privación lingüística, un fenómeno de salud mental que tendrá que ser abordado con su especificidad y dificultad desde el trabajo conjunto de las administraciones sanitarias (psicólogos y psiquiatras) y educativas; pero partiendo de la base de que es requisito previo asegurar la inmersión de estos niños, jóvenes y adultos con privación en un entorno signante nativo. Asimismo, desde el ámbito legal será necesario plantearse la atribución de responsabilidades a los departamentos implicados y a sus responsables.

También se ha aludido a las reticencias y al rechazo de los departamentos de educación a abordar de forma integral el tema de la educación sorda y sordociega, así como la integración del alumnado con ciertas patologías del lenguaje en el modelo bilingüe intermodal. Mucha más oposición hemos encontrado al solicitar a todos estos directores y directoras de educación el reconocimiento del problema de la privación. Y, en cuanto al papel del Ministerio de Educación ya se ha hecho mención a la incongruencia científica de sus diferentes documentos legales; un trabajo que al parecer siempre se hace en coordinación con los departamentos de educación regionales. Todo ello resulta una prueba evidente del alineamiento de todas estas administraciones con la ideología neooralista descrita.

En este contexto, como ya se ha anticipado, unas semanas antes de las últimas elecciones generales (el 23 de julio de 2023) se aprobó el esperado reglamento para la regulación del uso de la lengua de signos española. Es el denominado "Real Decreto 674/2023, de 18 de julio, por el que se aprueba el Reglamento de las condiciones de utilización de la lengua de signos española y de los medios de apoyo a la comunicación oral para las personas sordas, con discapacidad auditiva y sordociegas" (BOE 19 julio 2023).

Esta lengua, junto con la lengua de signos catalana, habían sido reconocidas en la Ley 27/2007 durante el gobierno progresista de José Luis Rodríguez Zapatero del Partido Socialista (2004-2011). El reglamento necesario para la implementación de la ley no consiguió ser aprobado en los últimos años de este gobierno, pero tampoco en los siguientes del Partido Popular (2011-2018). En 2018, el Partido Socialista vuelve al poder, en coalición con otro partido progresista, Unidas Podemos, pero no es hasta unos días antes de las elecciones cuando se consigue la aprobación de esta normativa. Ya hemos aludido a la fortaleza de la ideología neooralista en las administraciones educativas, con lo cual es fácil de comprender las reticencias para aprobar este reglamento, a pesar del interés de los sectores más progresistas del Gobierno de coalición.[94]

Realizamos a continuación un análisis de las principales aportaciones de este último documento aprobado; el objetivo es poder vislumbrar si este análisis permite anticipar ciertas claves acerca de si estamos o no ante una nueva etapa en la que sea posible superar la problemática más grave de la educación sorda y sordociega: la relativa a la privación lingüística.

Como era de esperar, el Reglamento equipara la lengua de signos (así como la lengua de signos apoyada) con la lengua oral como manifestaciones del lenguaje. Es un paso importante, pero lo negativo es que sitúa en algunos párrafos la lengua de signos en igualdad con otras formas de comunicación alternativas (p. 104004) cuando es inadecuado lingüísticamente: no son equiparables las lenguas humanas con los códigos restringidos de comunicación y/o sistemas aumentativos, como ya se ha explicado. Con todo, en esto coincide con lo que a veces afirma la Convención de la

---

[94] Tampoco se consiguió introducir el tema de la privación lingüística en la "Ley de protección integral a la infancia y adolescencia contra la violencia" aprobada en 2021 (Ley 8/2021, BOE 5/6/2021).

ONU en alguno de sus artículos, por lo que la ambigüedad no es atribuible solo al documento español.[95]

Un segundo aspecto del Reglamento es la mención de los usuarios que pueden optar por las lenguas de signos: "las personas con discapacidad, en este caso sordas, con discapacidad auditiva y sordoceguera, a recabar, recibir y facilitar información en igualdad de condiciones con los demás y mediante la forma de comunicación que elijan" (I, p. 104002). En este punto coincide con lo que afirma la ONU (2016, art. 35b); es decir, la discapacidad sensorial incluye tanto a personas sordas y sordociegas como a personas con dificultades auditivas. Pero la Convención de la ONU añade a estas categorías la de alumnos con "deficiencias de comunicación" (2016, art. 35d), una noción más amplia que la de tipo auditivo. Aquí se podría incluir al alumnado con patologías del lenguaje relacionadas con el procesamiento de la lengua oral, mencionadas en el capítulo 17.

El tercer aspecto es la consideración de este colectivo como un grupo con derecho a la educación bilingüe y a su identidad cultural, en el que se reconoce también la figura del docente sordo (o especialista sordo en lengua de signos) como modelo lingüístico (p. 104014), tal como prescribe la Convención de la ONU (2016) -véase esta mención en el capítulo 8-. Asimismo, se formula este derecho a la educación bilingüe con libertad para elegirlo como modalidad en cualquier estadio de su etapa educativa: "[Se] puede optar por el aprendizaje, conocimiento y uso tanto de la lengua de signos... Y puede hacerlo, para cada momento o situación, de manera indistinta o, incluso, simultánea" (p. 104004).

De hecho, la falta de esta libertad para elegir la modalidad bilingüe y para cambiar de modalidad a lo largo del proceso de escolarización de un niño sordo, ha sido la gran baza del oralismo en las últimas décadas para impedir el avance del bilingüismo en las diferentes comunidades autónomas. Dado que el implante coclear era prácticamente obligatorio (con amenaza real o implícita de proceso judicial), a partir de ese momento, se imponía automáticamente la modalidad oral y, tras ello, las familias ya perdían prácticamente la posibilidad de reclamar el bilingüismo para sus hijos o hijas.

Con este reglamento las familias tienen la libertad legal para optar por esta modalidad y, además, se les tendrían que facilitar los cursos de lengua de signos para ellas, tal como el documento explicita:

> Se garantizará, a través de las administraciones educativas competentes, el derecho a la enseñanza de la lengua de signos española mediante una oferta adecuada en los centros educativos que se determinen de cara a asegurar la libertad de elección del

---

[95] En el documento de la ONU (2015), puede observarse esta ambigüedad en el art. 21b frente al 21e y 30.4. Asimismo en ONU (2016), en el art. 35b frente al 35d.

alumnado sordo, con discapacidad auditiva y sordociego en el aprendizaje y conocimiento de la lengua de signos española… Se impulsará la realización de cursos de lengua de signos española para toda la ciudadanía, en especial para las familias de personas sordas, con discapacidad auditiva y sordociegas, así como para profesionales (p. 104014).

Con todo, no sabemos si las administraciones educativas aún se podrán resistir a ello, amparándose en la falta de recursos en el presupuesto educativo, obligando así a las familias a continuar con los desplazamientos educativos ya referidos; es decir, quien desee bilingüismo tendrá que acudir a los centros bilingües ya reconocidos como tales, sin garantía de una distancia más o menos cercana respecto al domicilio familiar y sin la obligatoriedad de ofrecer transporte escolar gratuito para el alumnado que tenga que desplazarse necesariamente.

Finalmente, otro aspecto que nos parece relevante es el que se denomina explícitamente la "perspectiva de infancia" (p. 104013), y que se detalla en los siguientes términos:

Las niñas y los niños sordos, con discapacidad auditiva y sordociegos tienen derecho a que se respete su interés superior y a que puedan expresar su opinión libremente sobre todas las cuestiones que les afecten vinculadas a este reglamento. También tienen derecho a recibir apoyos apropiados con arreglo a su discapacidad y edad para poder ejercer los derechos que garantiza esta norma.

Nos preguntamos si esta alusión al derecho de la infancia con discapacidad sensorial a que se respete su "interés superior", tal como ha sido redactado, será suficiente en términos legales para evitar el síndrome de la privación lingüística que el neooralismo ha venido provocando en este colectivo desde la proliferación masiva de los implantes. Hay niños y adolescentes sordos que no pueden expresar su opinión porque no tienen ninguna lengua adquirida, son semilingües; se les ha privado del derecho a poder expresar lo que quieren hacer con su vida.

El término de privación lingüística no se ha incluido en ningún punto del reglamento, pero sí se hace mención bien explícita a los otros medios de accesibilidad disponibles en la modalidad oral: sistemas aumentativos y alternativos de comunicación (bimodal, palabra complementada, etc.), como ya se ha comentado arriba.

Es una ausencia relevante en el redactado final de este texto legal cuando prácticamente todos los grupos políticos han reconocido explícitamente la gravedad del problema de la privación. En consecuencia, con este silencio se observa cómo el neooralismo ha vuelto a imponer su ideología en este texto legal. Se impide con ello el reconocimiento explícito de la relación causa-efecto entre su posición inflexible respecto a la lengua de signos y el síndrome de la privación lingüística.

Con reflexión final, no nos queda más que volver a evidenciar que la solución más o menos pronta de este problema que hemos intentado explicar a lo largo de este trabajo se sitúa principalmente en las familias; en su mayor formación para ser capaces de reconocer la dificultad intrínseca de la discapacidad sensorial de sus hijos y la necesidad de aceptar plenamente la lengua de signos, con todas las consecuencias. Ello implica reconocerla como recurso inevitable para sus hijos, con lo cual esta lengua ha de ser utilizada en casa, si lo que quieren es que su hijo o hija sea una persona adulta autónoma porque ha completado su desarrollo psicosocial y cognitivo de manera plena, con una lengua adquirida de forma natural y no semilingüe. A partir del fundamento sólido de esta lengua, es posible hacer emerger y adquirir las otras en el sistema educativo, como le sucede a todo individuo bilingüe y multilingüe.

De igual forma, apelamos a la necesidad de formación de las maestras y maestros, y de los profesionales de esta discapacidad en las teorías más integrales y actuales sobre la misma. Es importante que desarrollen una opinión científica autónoma como se espera de todo profesional de la educación; sobre todo diferenciada de la posición de la clase médica porque esta no parece estar dispuesta, por el momento, a aceptar una visión integral e interdisciplinaria en este tema.

APÉNDICE: GLOSARIO DE TÉRMINOS

En esta sección se incluye la definición de algunos términos que se han utilizado a lo largo del trabajo y que creemos precisan más atención de cara a la formación lingüística de los profesionales que trabajan con el alumnado sordo y sordociego:

Bilingüismo

Desde una perspectiva individual, consiste en la competencia en dos lenguas. Se considera que el factor principal para describir a una persona bilingüe es su fluidez comunicativa en estas lenguas en las interacciones con otros individuos (Grosjean 1982); la fluidez sería, pues, el principal factor para determinar que un individuo bilingüe es nativo de ambas lenguas. Sin embargo, este nivel es difícil de adquirir en las dos lenguas de un individuo porque cada una de ellas cumple distintas funciones y niveles de uso; por ello en el presente siglo se tiende a considerar el bilingüismo de un individuo según un criterio más laxo que el de ser nativo en las dos lenguas (Grosjean 2022).

El *monolingüismo* designaría la competencia de un individuo en una sola lengua, aunque pueda haber adquirido varias variedades o dialectos de la misma; por ejemplo, la variedad vernácula de su comarca natal y la variedad estándar adquirida en el sistema educativo, entre otras posibles. Para algunos autores (entre ellos Grosjean 2022, 11), el uso de varias variedades de una misma lengua ya es bilingüismo, dado que no es fácil la distinción entre la noción de lengua y la de dialecto; según esta posición, en el presente mucha más gente en el mundo sería bilingüe y no monolingüe. Con todo, la siguiente precisión que hace Grosjean (op. cit.) es útil para delimitar ambas nociones: a pesar de la gran diversidad de situaciones, el rasgo que une a los individuos bilingües es que comparten su vida con dos lenguas, incluso con más de dos.

El plurilingüismo o multilingüismo es la competencia en más de dos lenguas. El Marco prefiere el uso del primer término para la enseñanza de los ciudadanos europeos y la define de la siguiente forma. El objetivo de la educación lingüística en Europa no ha de ser únicamente el aprendizaje, literalmente hablando, de varias lenguas (lo que se ha venido denominando *multilingüismo*), sino lo que denominan un *enfoque plurilingüe,* ya referido arriba (Consejo de Europa 2001, 4-5). La experiencia lingüística de una persona, en cada uno de sus contextos culturales, se expande desde la adquisición de la lengua familiar hasta la adquisición de la lengua de la sociedad en su conjunto y de aquí se puede avanzar hacia la adquisición de la lengua de otros grupos.

Esta definición más dinámica de la competencia de los individuos en más de una lengua confirma lo que Grosjean (2022) indica: la percepción del bilingüismo ha ido cambiando en el último siglo. No solo se ha ido modificando para los investigadores, sino también para la ciudadanía que cada vez ha estado más dispuesta al aprendizaje de nuevas lenguas, a medida que se iba extendiendo la globalización económica y social. Asimismo, este dinamismo ha implicado la necesidad de ampliar la terminología para describir a un individuo bilingüe: un individuo con dos lenguas maternas adquiridas de forma nativa desde la infancia, un individuo con una lengua materna que se reduce a L2 (lengua segunda) cuando la segunda lengua que adquiere se convierte en la L1 (la lengua primera o dominante), etc.

Sin embargo, este percepción positiva por parte de la ciudadanía hacia el bilingüismo de las lenguas orales no se ha extendido todavía hacia el bilingüismo intermodal (el que incluye una lengua de signos y una o varias lenguas orales), como se ha explicado en este trabajo con la extensión de la ideología neooralista. Los prejuicios contra las lenguas de signos continúan, hasta tal punto que muchos profesionales de la sordera y de la sordoceguera aún identifican la facultad del lenguaje con la lengua oral. Con ello, persisten en las posiciones científicas de los años sesenta cuando no se habían iniciado las investigaciones en la Lingüística y en el bilingüismo de las lenguas de signos.

Bimodal

Designa el *continuum* de contacto que surge de la mezcla de la lengua de signos y lengua oral, así como de la incorporación de otros métodos de apoyo: el alfabeto dactilológico (en el aire o en la mano), la palabra complementada, etc.; el primer tipo ha recibido diferentes nombres: bimodal, soporte signado y lengua oral signada, principalmente. Tal como indica Mugnier (2006), a partir del estudio etnográfico del *code-switching* (o alternancia de códigos) utilizado en una clase bilingüe con alumnado sordo en Francia, la conciencia metalingüística de tales variedades de contacto puede enriquecer el desarrollo lingüístico y comunicativo del alumnado sordo.

No obstante, estos códigos de contacto son variedades lingüísticas reducidas en términos comunicativos. Su nivel lingüístico sería parecido al de una lengua *pidgin,* un código restringido de comunicación que surge en situaciones de emergencia comunicativa entre hablantes que no comparten una misma lengua oral. Autores como Johnson, Liddell y Erting (1989) ya señalaban su deficiencia como vehículo comunicativo en el contexto norteamericano. Según explicaban, la idea subyacente a los programas educativos que utilizaban estos códigos artificiales simultáneos a la palabra hablada era que el alumnado podía adquirir esta lengua hablada (en su caso el inglés) a través de la mirada y el oído al mismo tiempo, y que esta adquisición le permitiría una mejor integración en el mundo oyente.

Sin embargo, según estos autores (1989, 4), este modelo fracasó como vehículo completo de comunicación porque no advirtieron que el niño sordo no podía oír y, por tanto, solo podía comprender parte del mensaje, el transmitido visualmente. Además, distintos estudios comparativos sobre procesamiento advertían de la diferencia en la rapidez de la producción de los signos gestuales y del habla. De esta manera, cuando se signa y habla al mismo tiempo, la producción resulta más lenta que cuando se realiza cada código por separado (Messing 1999, 189-190); este hecho podía tener consecuencias en la recepción completa del mensaje.

Por tanto, estas variedades no pueden ser sustitutas de las lenguas de signos, sistemas naturales de comunicación. Como indica Plaza Pust (2016, 67), los estudios sobre el uso de estos códigos de contacto confirman su utilidad cuando se usan solo como recurso pedagógico; por ejemplo, en algunos momentos de la enseñanza contrastiva de la estructura de la lengua oral (o lenguas orales) y de la lengua de signos. Sin embargo, Sánchez Amat (2015, 342) reconoce, tras su investigación etnográfica en un centro bilingüe intermodal, que su utilización en el aula era demasiado frecuente. De ahí que este sobreuso sea contraproducente para el desarrollo del bilingüismo pleno de este alumnado, así como un impedimento para su desarrollo cognitivo.

Educación compartida bilingüe

Es el término que utilizan algunos profesionales de la educación sorda, como traducción del término inglés *Co-enrollment in Deaf education* (Marschark et al. 2014; Pérez Martín et al. 2014). Es sinónimo del término *Bimodal bilingualism in Deaf education* (bilingüismo intermodal en la educación sorda), pero con el de educación compartida bilingüe se quiere resaltar que el alumnado sordo comparte aula con el oyente, entendiendo así la inclusión de forma distinta a la defendida hasta el momento.

Se trata de un modelo bilingüe en la escolarización obligatoria (Escuela Infantil, Educación Primaria y Secundaria obligatoria) con las siguientes características:

(a) El alumnado sordo siempre está con un grupo de pares sordos, nunca un niño solo y el resto oyentes; por este motivo, el modelo asegura el desarrollo psicosocial pleno del alumnado sordo (Hintermair 2014), al mismo tiempo que su igualdad con el oyente en el acceso al currículum.

(b) El aula tiene dos profesoras, una que se dirige al alumnado en lengua oral y la otra en lengua de signos; las dos con la misma responsabilidad (cotutoras).

(c) El centro tiene especialistas sordos nativos que actúan como modelos socioculturales y lingüísticos para que el alumnado sordo aprenda la lengua de signos de forma completamente nativa en una asignatura específica; en ella se llevará a cabo también la enseñanza de la gramática de la lengua de signos y el conocimiento de la cultura sorda con el fin de desarrollar la conciencia metalingüística en esta lengua (Plaza Pust 2014, 45); asimismo, estos especialistas sordos enseñarán al alumnado oyente la lengua de signos como asignatura opcional con el fin de asegurar que parte de este alumnado pueda conseguir un buen nivel de lengua de signos para interactuar con los alumnos sordos.

Por tanto, se trata de un modelo educativo en el que el alumnado sordo comparte los mismos objetivos de currículum que el alumnado oyente, sin discriminación alguna, tal como propone la Convención de la ONU (2016), ya aludida.

Fluidez conversacional

Es el grado de habilidad para mantener, en un encuentro de dos o más personas, el equilibrio en la duración de los turnos de hablante y oyente, la orientación mutua y el contacto ocular apropiados, las pausas funcionales, los cambios temáticos, los cambios posturales y las conductas simultáneas de los participantes, todo ello condicionado por los distintos tipos de entorno y por la cultura de los participantes (definición de Poyatos, recogida en Cestero Mancera y Crawley (2023, 39).

A partir de esta noción, Poyatos define también la fluidez cultural como el grado de habilidad adquirido en otra cultura a la propia, lo que determina el coeficiente de fluidez personal (Cestero Mancera y Crawley 2023, 41).

Hipótesis de la interdependencia

Es el nombre que recibe la propuesta de Jim Cummins (1979) sobre la interdependencia entre la L2 que adquiere un individuo y su L1. El incremento de la capacidad cognitiva en la lengua primera mejora también la capacidad en la otra. Por tanto, cuanto mejor sea el conocimiento de la lengua materna antes de iniciar la adquisición de una L2 se desarrollará más la capacidad y la destreza en esta nueva lengua, porque forman parte de la competencia lingüística común que subyace a las dos lenguas. No obstante, hay condiciones que pueden reducir esta relación; tal es el caso de una motivación baja para adquirir esta L2 y el hecho de que las diferencias estructurales entre ambas lenguas sean demasiado grandes.

Esta hipótesis también ha sido objeto de reflexión en el caso del individuo sordo y su educación. La adquisición exitosa de la lengua de signos (como L1 o L2) dependerá de factores diversos. Plaza Pust (2019, 181) señala que muchas personas sordas educadas en el método oralista han tenido un acceso limitado a un sistema lingüístico natural durante el período crítico y han adquirido una competencia parcial en la LO, lo cual repercutirá en la adquisición tardía de la lengua de signos. Aparecen entonces los distintos grados de privación lingüística.

Para revertir este hecho constatado, otro factor importante desde la hipótesis de la interdependencia sería el de la opción educativa. Es un aspecto importante en cualquier proyecto bilingüe, pero en el caso de las personas sordas, continúa Plaza Pust (op. cit.), la política lingüística adoptada adquiere un significado particular, porque la lengua de signos y la lengua oral no representan códigos equitativos para los individuos sordos. Por este motivo, la lengua de signos tendría que ser promovida como lengua primera de este alumnado, la lengua base a partir de la cual adquirir la lengua oral.

En los modelos del bilingüismo intermodal que se han implementado adecuadamente, la lengua de signos ha sido considerada como la lengua dominante con el objetivo de identificar su posible papel facilitador en la adquisición gramatical de la lengua oral; también en el desarrollo de la lectoescritura y del conocimiento académico. Con todo, este papel facilitador no es automático y, tal como precisa también Plaza Pust (2019, 186), la metodología necesita fundamentarse en una teoría lingüística que permita discernir las relaciones entre las propiedades lingüísticas de los distintos niveles lingüísticos.

Lengua materna

La investigadora Skutnabb-Kangas define lo que es la lengua materna desde varios puntos de vista: (a) la lengua que se aprende en primer lugar (es la lengua de origen); (b) la lengua con la que un individuo se identifica a sí mismo y es identificado por los otros como hablante nativo (determina su identidad sociocultural); (c) aquella que conoce mejor (tiene un mayor grado de competencia comunicativa); y (d) la que utiliza para más funciones (es decir, para distintos contextos).[96] Asimismo, según esta autora (Skutnabb-Kangas 2000, 108), un individuo puede tener varias lenguas maternas y el nivel de estas puede variar a lo largo de su vida, sobre todo en las situaciones de inmigración. Esta investigadora ya consideraba que la lengua de signos era también la lengua materna de la infancia sorda (véase enlace en la nota anterior).

Sin embargo, en la entrada de bilingüismo ya se ha aludido al carácter dinámico del bilingüismo y plurilingüismo (con diferentes grados). Por esta razón, hay autores que utilizan también las categorías de lengua primera y lengua segunda para las situaciones en las que la lengua materna aprendida en su infancia no se desarrolla como la lengua dominante en la vida adulta por razones socioculturales.[97]

Lengua verbal (o lenguaje verbal)

Hay investigadores que utilizan este término en lugar del de lengua oral, como se observa en la traducción de las obras de Vygotsky referidas en el capítulo 2. En realidad, son sinónimos pero remiten a tradiciones teóricas diferentes. En el ámbito de los estudios hispánicos, el término "verbal" es usado por uno de los investigadores más importantes sobre la comunicación no verbal: Fernando Poyatos. Según este autor (1994, tomo I, 28), la actividad comunicativa tiene una estructura tripartita: puede ser vocal-verbal (los signos orales), vocal-no verbal (el paralenguaje, como rasgos personales de la voz, timbre, resonancia, intensidad, tempo, tono, entonación, etc.) y no vocal-no verbal (kinésica/quinésica o gestos, proxémica o relación espacial entre los hablantes en la interacción y otros sistemas corporales).

En este trabajo se ha considerado mejor el uso del término "oral" porque nos parece ya más generalizado; pero lo consideramos sinónimo de "verbal".

---

[96] Véase esta definición en el siguiente enlace: http://www.tove-skutnabb-kangas.org/en/Mother_tongue_definitions.htm. Asimismo Skutnabb-Kangas 2014.

[97] Para una referencia a esta noción de lengua dominante, puede consultarse Grosjean (2022, 13ss.).

Lengua oral signada (véase bimodal)

Semilingüismo

Según indica Preston, el término designa el conocimiento insuficiente de las lenguas en una situación de bilingüismo oral.[98] El primer acercamiento que se tiene del término fue por el investigador sueco N. E. Hansegård en 1975. Para algunos autores, en relación con las lenguas orales es un término controvertido porque se identifica con situaciones sociales ligadas a la inmigración o a la discriminación lingüística de grupos minoritarios (así lo manifiesta Cummins 1979, 5); por ejemplo, en este segundo caso, comunidades indígenas rurales que se escolarizan en otra lengua distinta a la autóctona. En estos supuestos, podría aparecer en un individuo cuando no tiene su lengua materna adquirida de forma completa y tiene que empezar a adquirir otra u otras en el sistema educativo y/o en el nuevo contexto social al que se incorpora. La controversia sobre la conveniencia del uso del término en estas situaciones surge porque se parte de que este individuo no está aislado, sino que sigue adquiriendo su lengua materna en su entorno familiar y con ello fortaleciéndola a nivel coloquial.

Aceptando este argumento como válido, se considera que en la población oyente el semilingüismo quedaría restringido a situaciones extremas de marginación social en las que un individuo sufre incomunicación o aislamiento por alguna razón grave; es decir, un caso de vulneración de los derechos humanos. Sin embargo, como ya se ha explicado sobradamente en el libro, en la infancia sorda y sordociega es una situación cada vez más frecuente y aceptada desde los departamentos de educación.

---

[98] Accesible en el portal del Instituto Cervantes: https://cvc.cervantes.es/lengua/espanol_eeuu/bilingue/drpreston.htmhttps://cvc.cervantes.es/lengua/espanol_eeuu/bilingue/drpreston.htm

BIBLIOGRAFÍA

Alegría, Jesús y Domínguez, Ana Belén (2009). "Los alumnos sordos y la lengua escrita". *Revista Latinoamericana de Inclusión Educativa,* 1(3), pp. 95-111.

Alonso, Rodríguez, Pilar y Echeita, Gerardo (2009). "El proceso de un centro específico de sordos hacia una educación más inclusiva. Colegio Gaudem Madrid". *Revista Latinoamericana de Educación Inclusiva,* 3(1), pp. 167-187.

Álvarez Reyes, Daniel et al. (2004). *La sordoceguera. Un análisis multidisciplinar.* Madrid: ONCE.

Anderson, Carly A., Wiggins, Ian M., Kitterick, Pádraig T. y Douglas, E. Harley (2017). "Adaptive benefit of cross-modal plasticity following cochlear implantation in deaf adults". *PNAS,* 114(38), pp. 10256–10261. Doi: www.pnas.org/lookup/suppl/doi:10.1073/pnas.1704785114

Aparici Aznar, Melina e Igualada, Alfonso. Eds. (2019). *El desarrollo del lenguaje y la comunicación en la infancia.* Barcelona: UOC.

Bellés i Guitard, Rosa. (1993). "Los sordos como paradigma de la diferencia: Acerca del lenguaje de signos". *Rev. Logop., Fon. y Adiolog.,* XIII(1), pp. 32-39.

Bellés i Guitard, Rosa (1996). "Tenir o no tenir accés al llenguatge: Aquesta és la qüestió". *Revista de l'Associació catalana de l'atenció precoç,* 8, pp. 39-44.

Calsamiglia, Helena y Tusón, Amparo (1999). *Las cosas del decir. Manual de Análisis del discurso.* Barcelona: Ariel, 2012.

Campbell, Ruth (2014). "Cognitive and neurocognitive development in deaf children: How experience and environment affect the acquisition of cognitive skills, and how neural function reflects these life events". https://www.researchgate.net/profile/Ruth-Campbell-7 [2/ 8/2023].

Campbell, Ruth, MacSweesey, Miréad y Woll, Bencie (2014). "Cochlear implantation (CI) for prelingual deafness: the relevance of studies of brain organization and the role of first language acquisition in considering outcome success". *Frontiers in human neuroscience,* Volume 8 | Article 834 | 1. Doi: 10.3389/fnhum.2014.00834

Cestero Mancera, Ana María y Crawley, Alan (2023). "Desarrollo multidisciplinar de los estudios de comunicación no verbal en el siglo XXI: una gran deuda con Fernando Poyatos". *Oralia,* Anejos 7, pp.19-62.

Cheng, Qi, Halgren, Eric y Mayberry, Rachel I. (2018). "Effects of early language deprivation: Mapping between brain and behavioral outcomes". En Anne B. Bertolini y Maxwell J. Kaplan (eds.), *Proceedings of the 42nd anual Boston University Conference on Language Development.* Somerville, MA: Cascadilla Press, pp. 140-152.

Cheng, Qi, Roth, Austin, Halgren, Eric y Mayberry, Rachel I. (2019). "Effects of early language deprivation on brain connectivity: Language pathways in deaf native and late first-language learners of American Sign Language". *Front. Hum. Neurosci.* 13, article 320. Doi: 10.3389/fnhum.2019.00320

Consejo de Europa (2001). *Marco común europeo de referencia para las lenguas: Aprendizaje, enseñanza y evaluación.* Madrid: Ministerio de Educación, Cultura y Deporte / Anaya, 2002.

Crystal, David (1987). "El lenguaje y otros sistemas de comunicación". En *Enciclopedia del lenguaje de la Universidad de Cambridge.* Madrid: Taurus, pp. 396-403.

Cummins, Jim (1979). "Cognitive/academic language proficiency, Linguistic Interdependence, the optimum age question and some other matters". *Working Papers on Bilingualism,* 19. https://www.researchgate.net/publication/234573070 [3/9/2020]

Davidson, Kathryn, Lillo-Martin, Diane y Chen Pichler, Deborah (2013). "Spoken English language development among native signing children with cochlear implants". *Journal of Deaf Studies and Deaf Education.* Doi:10.1093/deafed/ent045

Davis, Jeffrey y Supalla, Samuel (1995). "A sociolinguistic description of sign language use in a Navajo family". En Ceil Lucas (ed.), *Sociolinguistics in deaf communities.* Washington D.C.: Gallaudet University Press, pp. 77-106.

Davis, Jeffrey (2011). "Discourse features of American Indian Sign Language (AISL)". En Cynthia B. Roy (ed.), *Discourse in signed languages.* Washington DC: Gallaudet University Press, pp. 179-217.

de la Fuente, Begoña, Pérez, Mar, Valmaseda, Marian y Besteiro, Juan (2022). "Evolución de la lengua oral y de la comprensión lectora en niños sordos con implante coclear escolarizados en centros de enseñanza compartida bilingüe (LO-LSE)". En Ana Belén Domínguez Gutiérrez, Marian Valmaseda y Carmela Velasco Alonso (coords.), *Tendencias actuales en la investigación en lenguaje escrito y sordera.* Salamanca: Universidad de Salamanca, pp. 215-230.

Delgado Montoto, José y Bao Fente, María (2007). "Apoyos educativos inclusivos asociados a discapacidad auditiva". En *La función de apoyo educativo inclusivo para afrontar las dificultades en el aprendizaje. XXIII Reunión Científica Anual de AEDES,* noviembre 2006, pp. 151-170.

Díaz Echevarría, Yaersy y Pla López, Ramón (2021). "El desarrollo de la lengua oral de los escolares sordos en el proceso de enseñanza aprendizaje del español como segunda lengua". *Revista Electrónica de Educación y Sociedad* (Ministerio de Educación de la República de Cuba), pp. 1-13. (PDF) El desarrollo de la lengua oral de los escolares sordos en el proceso de enseñanza (researchgate.net) [2/3/2023].

Domínguez, Ana Belén (2009). "Educación para la inclusión de alumnos sordos". *Revista Latinoamericana de Inclusión Educativa,* 1(3), pp. 45-61.

Emmorey, Karen (2018). "Variation in late L1 acquisition?" *Bilingualism: Language and Cognition,* 21(5), pp. 917-918. https://www.cambridge.org/core/journals/bilingualism -language-and-cognition/issue/0AC6F2566601C6ECA5133CC5FD2BA8A2 [4/2/2022]

Emmorey, Karen (2021). "New perspectives on the neurobiology of sign languages". *Front. Commun.* 6, article 748430. Doi: 10.3389/fcomm.2021.748430

Emmorey, Karen (2023). "Ten things you should know about sign languages". *Current Directions in Psychological Science.* 32(5). https://doi.org/10.1177/09637214231173071

Emmorey, Karen, Giezen, Marcel R. y Gollan, Tamar H. (2016). "Psycholinguistic, cognitive, and neural implications of bimodal bilingualism". *Biling (Camb Engl),* 19(2), pp. 223–242. Doi: 10.1017/S1366728915000085.

Escandell Vidal, María Victoria y Marrero Aguiar, Victoria (2011). "La lingüística y sus fundamentos". En *Invitación a la lingüística.* Madrid: Uned/Fundación Aceres, pp. 53-83.

Esteban Saiz, María Luz (2023). "Discurso sobre minorías: el caso de la lengua de signos española". *Discurso & Sociedad,* 17(1), pp. 107-136. http://www.dissoc.org/ediciones/v17n01/DS17(1)EstebanSaiz.pdf

Freijeiro Ocampo, Eva. (2019). *Lengua de signos e implante coclear: armas comunicativas (de)construcción masiva.* Tesis doctoral, Universidade de Vigo.

Glickman, Neil S. (2007). "Do you hear voices? Problems in assessment of mental status in deaf persons with severe language deprivation". https://academic.oup.com/jdsde/article/12/2/127/457643 [4/9/2022].

Glickman, Neil S. Ed. (2013). *Deaf mental health care.* Londres: Routledge.

Glickman, Neil S., Crump, Charlene y Hamerdinger, Steve (2020). "Language deprivation is a game changer for the clinical specialty of deaf mental health". *JADARA,* 54(1), pp. 54-89. https://nsuworks.nova.edu/cgi/viewcontent.cgi?article=2685&context=jadara [4/9/2022]

Gras Ferrer, Victòria (2006). *La comunidad sorda como comunidad lingüística: Panorama sociolingüístico de la/s lengua/s de signos en España.* Tesis doctoral, Universitat de Barcelona.

Groce, Nora (1980). Everyone here spoke sign language. Heritage Deafness on Martha's Vineyard. https://www.researchgate.net/publication/32899159_Everyone_Here_Spoke_Sign_L anguage [2/1/2023]

Grosjean, François (1982). *Life with two languages. An introduction to bilingualism.* Cambridge, Mass.: Harvard University Press.

Grosjean, François (2022). *The mysteries of bilingualism.* Oxford: Blackwell.

Gulati, Sanjay (2019). "Language deprivation syndrome". En Neil S. Glickman y Wyatte C. Hall (eds.), *Language deprivation and deaf mental health*. Londres: Routledge, pp. 24-53.

Hall, Wyatte C. (2017). "What you don't know can hurt you: The risk of language deprivation by impairing sign language development in Deaf children". *Matern Child Health J.* Doi: 10.1007/s10995-017-2287-y

Hall, Wyatte C., Levin, Leonard L. y Anderson, Melissa L. (2017). "Language deprivation syndrome: a possible neurodevelopmental disorder with sociocultural origins". *Soc Psychiatry Psychiatr Epidemiol.* Doi: 10.1007/s00127-017-1351-7

Hall, Matthew L. (2020) "Dissociating the impact of auditory access and language access in Deaf children's cognitive development". En Marc Marschark y Harry Knoors (eds.), *The Oxford handbook of Deaf studies in learning and cognition.* Oxford: Oxford University Press, pp. 99-122.

Hall, Matthew L., Hall, Wyatte C., y Caselli, Naiomi K. (2019). "Deaf children need language, not (just) speech". *First Language,* 39(4), pp. 367–395.

Harari, Yuval Noah (2013) *Sapiens. De animales a dioses.* Barcelona: Debate.

Harari, Yuval Noah (2018) *21 lecciones para el siglo XXI.* Barcelona: Debate.

Hassanzadeh, Saeid (2012). "Outcomes of cochlear implantation in deaf children of deaf parents: comparative study". *The Journal of Laryngology & Otology,* 126, pp. 989–994. Doi:10.1017/S0022215112001909

Hintermair, Manfred (2014). "Psychosocial development in deaf and hard-of-hearing children in the twenty-first-century". En Marc Marschark, Gladis Tang y Harry Knoors (eds.), *Bilingualism and bilingual Deaf education.* Oxford: Oxford University Press, pp. 152-186.

Huebner, Kathleen M., Prickett, Jeanne G., Welch, Therese R. y Joffee, Elga. Eds. (2003). *Hand in hand. Essentials in communication and orientation and mobility for your students who are DeafBlind.* Vol. I. Washington, D.C.: Library of Congress.

Humphries, Tom, Kushalnagar, Poorna, Mathur, Gaurav, Napoli, Donna Jo, Padden, Carol, Rathmann, Christian y Smith, Scott R. (2012a). "Language acquisition for deaf children: Reducing the harms of zero tolerance to the use of alternative approaches". *Reduction Journal,* 9, 16 http://www.harmreductionjournal.com/content/9/1/16

Humphries, Tom, Kushalnagar, Poorna, Mathur, Gaurav, Napoli, Donna J., Rathmann, Christian, y Smith, Scott (2012b). "Cochlear implants and the right to language: Ethical considerations, the ideal situation, and practical measures toward reaching the ideal". *Cochlear Implant Research Updates,* pp. 193-2012. http://works.swarthmore.edu/fac-linguistics/91

Humphries, Tom, Kushalnagar, Poorna, Mathur, Gaurav, Napoli, Donna J., Rathmann, Christian, y Smith, Scott (2017). "Discourses of prejudice in the professions: the case of sign languages". *J. Med, Ethics,* 43, pp. 648–652. Doi:10.1136/medethics-2015-103242

Humphries, Tom, Kushalnagar, Poorna, Mathur, Gaurav, Napoli, Donna J., Rathmann, Christian, y Smith, Scott (2019). "Support for parents of deaf children: Common questions and informed, evidence based answers". *International Journal of Pediatric Otorhinolaryngology,* 118, pp. 134–142.

Humphries, Tom, Mathur, Gaurav, Jo Napoli, Donna y Rathmann, Christian (2023). "Sign Language and multimodality as indicators of health for deaf newborns and young children: Guidance for families and medical professionals". *Medical Research Archives,* 11(1). https://esmed.org/MRA/mra/article/view/3280

Jarque Moyano, Maria Josep (2012). "Las lenguas de signos: Su estudio científico y reconocimiento legal". *Anuari de Filologia. Estudis de lingüística,* 2, pp. 33–48.

Jarque Moyano, Maria Josep (2019). *Grounding, subjectivization and deixis: modal constructions in Catalan Sign Language and their interaction with other semantic domains.* Tesis doctoral, Universitat de Barcelona.

Johnson, Robert E. (1991). "Sign language, culture and community in a traditional Yucatec Maya village". *Sign Language Studies*, 73 (versión en *cd-rom*).

Johnson, Robert E., Liddell, Scott y Erting, Carol. J. (1989). "Unlocking the curriculum: Principles for achieving access in Deaf education". *Gallaudet Research Institute Working Paper,* 89(3).

Kendon, Adam (2004). *Gesture.* Cambridge: Cambridge University Press.

Lacerca, Cristina Broglia Feitosa de, Santos, Lara Ferreira dos y Martins, Vanessa Regina de Oliveira (2016). *Escola e diferença. Caminhos para educão de surdos.* São Carlos: Edufscar.

Lang, Harry G., Cohen, Oscar P. y Fischgrund, Joseph E. (2011). *Momentos decisivos. Robert R. Davila. La historia de un líder sordo.* Barcelona: Octaedro.

Lenneberg, Eric H. (1967). *Fundamentos biológicos del lenguaje.* Madrid: Alianza Editorial, 1975.

Lucas, Ceil y Valli, Clayton (1992). *Language contact in the American Deaf community.* Nueva York: Academic Press.

Lyness, C. Rebeca, Woll, Bencie, Campbell, Ruth y Cardin, Velia (2013). "How does visual language affect crossmodal plasticity and cochlear implant success?" *Neuroscience and Biobehavioral Reviews,* 37, pp. 2621-2630.

Madrid Cánovas, Sonia (2006). "Tareas de denominación y tiempo de latencia en niños con implante coclear prelocutivo". En Beatriz Gallardo, Verónica Moreno Campos y Carlos Hernández Sacristán (eds.), *Lingüística clínica y neuropsicología cognitiva. Actas del Primer Congreso Nacional de Lingüística Clínica.* Vol. 2. *Lingüística y evaluación del lenguaje.* Valencia: Universitat de València, pp. 154-169. http://www.uv.es/perla/2%5B13%5D.MadridCanovas.pdf [3/2/2020].

Madrid Cánovas, Sonia y Bleda García, Inmaculada (2011). "Dificultades pragmáticas de niño sordo con implante coclear". *Revista de Investigación Lingüística,* 14, pp. 87-107.

Massone, María I. y Machado. Emilia M. (1994). *Lengua de señas argentina. Análisis y vocabulario bilingüe.* Buenos Aires: Edicial.

Marschark, Marc, Tang, Gladis y Knoors, Harry. Eds. (2014). *Bilingualism and bilingual Deaf education.* Oxford: Oxford University Press.

Mayberry, Rachel I. (2007). "When timing is everything: Age of first-language acquisition effects on second-language learning". *Applied Psycholinguistics, 28*, pp. 537–549.

Mayberry, Rachel I. y Kluender, Robert (2018a). "Rethinking the critical period for language: New insights into an old question from American Sign Language". *Bilingualism: Language and Cognition,* 21(5), pp. 886-905. https://www.cambridge.org/core/journals/bilingualism-language-and cognition/issue/0AC6F2566601C6ECA5133CC5FD2BA8A2

Mayberry, Rachel I. y Kluender, Robert (2018b). "Authors response. Rethinking the critical period for language: New insights into an old question from American Sign Language". *Bilingualism: Language and Cognition,* 21(5), pp. 938-944. https://www.cambridge.org/core/journals/bilingualism-language-and-cognition/issue/0AC6F2566601C6ECA5133CC5FD2BA8A2

McNeill, David (1992). *Hand and mind. What gestures reveal about thought.* Chicago: The University of Chicago Press.

Meisel, Jürgen M. (2013). "Sensitive phases in successive acquisition: The critical period hypothesis revisited". En Cedric Boeckx y Kleanthes K. Grohmann (eds.), *The Cambridge handbook of Biolinguistics.* Cambridge: Cambridge University Press, pp. 69-85.

Messing, Lynn S. (1999). "Two modes – two languages". En Lynn S. Messing y Ruth Campbell (eds.), *Gestures, speech and sign.* Oxford: Oxford University Press, pp. 189-199.

Mineiro, Ana, Nunes, Maria Vânia Silva, Moita, Mara, Silva, Sónia y Castro-Caldas, Alexandre (2014). "Bilingualism and bimodal bilingualism in Deaf people. A neurolinguistic approach". En Marc Marschark, Gladis Tang y Harry Knoors (eds.), *Bilingualism and bilingual Deaf education.* Oxford: Oxford University Press, pp. 187-210.

Morales López, Esperanza (2000). "Lingüística de las lenguas de signos: perspectiva histórica". En Carlos Hernández Sacristán y Montserrat Veyrat Rigalt (eds.), *Lenguaje, cuerpo y cultura.* Valencia: Universitat de València, pp. 125-142.

Morales López, Esperanza (2008). "La llengua de signes com a vehicle de comunicació i de capital simbòlic". En Àngels Massip (ed.), *Llengua i identitat.* Barcelona: Universitat de Barcelona, pp. 29-36. Versión en castellano: http://www.cultura-sorda.eu/resources/Morales_LS_como_capital_simbolico_2008.pdf

Morales López, Esperanza (2008b). "Sign bilingualism in Spanish deaf education". En Carolina Plaza Pust y Esperanza Morales López (eds.), *Sign bilingualism: Language development, interaction, and maintenance in sign language contact situations.* Ámsterdam: John Benjamins, pp. 223-276.

Morales López, Esperanza. (2019). "Bilingüismo intermodal (lengua de signos / lengua oral)". *Revista de Estudios de Lenguas de Signos REVLES: Aspectos lingüísticos y de adquisición de las lenguas de signos,* 1, pp. 340-365.

Morales López, Esperanza (2020). "Sign bilingualism or language deprivation". Report. Doi: http://dx.doi.org/10.13140/RG.2.2.23146.75206

(https://www.researchgate.net/publication/344350940_Sign_Bilingualism_or_Langu age_Deprivation).

Morales López, Esperanza (2022). "La privación lingüística: consecuencias negativas para la infancia y adolescencia sordas". Revista *Mètode*. https://metode.es/revistas-metode/opinio-revistes/la-privacion-linguistica-consecuencias-para-la-infancia-y-adolescencia-sordas.html

Moreno-Torres, Ignacio, Madrid-Cánovas, Sonia y Blanco-Montañez, Gema (2016). "Sensitive periods and language in cochlear implant users". *Journal of Child Language*, February, pp 479-504. http://dx.doi.org/10.1017/S0305000915000823

Morin, Edgar (2001). *La identidad humana. El Método IV.* Barcelona: Círculo de Lectores.

Mugnier, Saskia (2006). "Le bilinguisme des enfants sourds: De quelques freins aux posibles moteurs". *Glottopol,* 7, pp. 144-159.

ONU (2015). *Convención sobre los derechos de las personas con discapacidad.* https://www.un.org/esa/socdev/enable/documents/tccconvs.pdf

ONU (2016). *Convención sobre los derechos de las personas con discapacidad.* https://www.un.org/disabilities/documents/COP/9/RT3/CRPD_CSP_2016_4-1603540S.pdf

Ouellette, Alicia (2011). "Hearing the deaf: Cochlear implants, the Deaf community, and bioethical analysis". *Valparaiso University Law Review* 45: 1247. https://scholar.valpo.edu/vulr/vol45/iss3/10 [1/9/ 2023].

Paatsch, Louise y Toe, Dianne (2020). "The impact of pragmatic delays for deaf and hard of hearing students in mainstream classrooms". *Pediatrics,* 146, 3. http://publications.aap.org/pediatrics/article-pdf/146/Supplement_3/S292/910861/peds_20200242i.pdf

Peña-Casanova, Jordi (2014). *Manual de logopedia.* Madrid: Elsevier Masson.

Pérez Martín, Mar, Valmaseda Balanzategui, Marian y Morgan, Gary (2014). "Sign bilingual co-enrollment education for children with cochlear implants in Madrid, Spain". En Marc Marschark, Gladis Tang y Harry Knoors (eds.), *Bilingualism and bilingual Deaf education.* Oxford: Oxford University Press, pp. 368-395.

Pérez, Mar, de la Fuente, Begoña, Alonso, Pilar and Echeita, Gerardo (2019). "Four co-enrollment programs in Madrid: Differences and similarities". En Marc Marschark, Antia Shirin y Harry Knoors (eds.), *Co-enrollment in Deaf education.* Oxford: Oxford University Press, pp. 235-256.

Pérez Sanz, Antonio (2011). *Logopedia escolar digitalizada.* Informe nº 18, CNICE, Ministerio de Educación.

Plaza Pust, Carolina (2014). "Language development and language interaction in sign bilingual language acquisition". En Marc Marschark, Gladis Tang y Harry Knoors (eds.), *Bilingualism and bilingual Deaf education.* Oxford: Oxford University Press, pp. 23-53.

Plaza Pust, Carolina (2016). *Sign bilingualism in education: Challenges and perspectives along the research, policy, practice axis.* Lancaster: Ishara Press.

Plaza Pust, Carolina (2019). "Orquestación de recursos lingüísticos en el desarrollo bilingüe lengua de signos-lengua oral". *Revista de Estudios de Lenguas de Signos REVLES. Aspectos lingüísticos y de adquisición de las lenguas de signos,* 1, pp. 176-208.

Plaza Pust, Carolina y Morales López, Esperanza (2008). "Sign bilingualism: Language development, interaction, and maintenance in sign language contact situations". En Carolina Plaza Pust y Esperanza Morales López (eds.), *Sign bilingualism: Language development, interaction, and maintenance in sign language contact situations.* Ámsterdam: John Benjamins, pp. 333-379.

Pontecorvo, Elana, Higgins, Michael, Mora, Joshua, Lieberman, Amy M., Pyers, Jennie y Caselli, Naomi K. (2023). "Learning a sign language does not hinder acquisition of a spoken language". *Journal of Speech, Language, and Hearing Research,* 66(4), pp. 1291-1308. https://doi.org/10.1044/2022_JSLHR-22-00505

Poyatos, Fernando (1994). *La comunicación no verbal,* vol. I. Madrid: Istmo, Madrid 2000.

Rinaldi, Pasquale y Caselli, Maria Cristina (2014). "Language development in a bimodal bilingual child with cochlear implant: A longitudinal study". *Bilingualism: Language and cognition,* 17(4), pp. 798-809. Doi: 10.1017/S1366728913000849

Sacks, Oliver (1989). '*Veo una voz'. Viaje al mundo de los sordos.* Madrid: Anaya & Mario Muchnik.

Sánchez Amat, Jordina (2015). *Llengua de signes i llengua escrita en la modalitat educativa bilingüe i en la intervenció amb l'infant sord.* Tesis doctoral, Universitat Autònoma de Barcelona.

Sánchez Amat, Jordina, Cedillo Vicente, Pepita y Quer, Josep (2020). "Ser sord no implica tenir trastorns del llenguatge. Factors de variació en la capacitat lingüística de les persones amb sordesa". *Llengua, Societat i Comunicació,* 18 http://revistes.ub/index.php/LSC

Sandler, Wendy, Aronoff, Mark, Padden, Carol y Meir, Irit (2014). "Language emergence. Al-Sayyid Bedouin Sign Language". En Jack Sindel, Paul Kockelman, y N. J. Enfield (eds.), *The Cambridge handbook of Linguistic Anthropology.* Cambridge: Cambridge University Press, pp. 250-284.

Skutnabb-Kangas, Tove (2000). *Linguistic genocide in education – or worldwide diversity and human rights?* Mahwah, N.J.: Erlbaum.

Skutnabb-Kangas, Tove (2014). "The role of mother tongues in the education of Indigenous, tribal, minority and minorized children – what can be done to avoid crimes against humanity". En Pierre Wilbert Orelus (ed.), *Affirming language diversity in schools and society. Beyond linguistic apartheid.* Londres: Routledge, pp. 215-249.

Slama-Cazacu, Tatiana (1970). *Lenguaje y contexto.* México, DC: Grijalbo.

Small, Anita y Mason, D. (2008). "American Sign Language (ASL) bilingual bicultural education". En Jim Cummins y Nancy H. Hornberger (eds.), *Encyclopedia of language and education,* 2nd Edition, Volume 5: *Bilingual education.* Nueva York: Springer Science and Business Media LLC, pp. 133-149.

Small, Anita y Cripps, Joanne (2013). *Attitude planning: Constructing a language planning framework towards empowerment in Deaf education.* Canadian Hearing Society. Report.

Snoddon, Kristin y Weber, Joanne C. eds. (2021). *Critical perspectives on plurilingualism in Deaf education*. Bristol: Multilingual Matters.

Souriau, Jacques, Rogbroe, Inger y Janssen, Marleen (2009). *Comunicación y sordera congénica. Aproximación a la vida cultural.* Madrid: ONCE 2014.

Stokoe, William (1960). *Sign language structure: An outline of the visual communication system of the American Deaf.* Silver Spring, MD: Linstok Press 1993.

Swanwick, R. A. (2016). "Deaf children's bimodal bilingualism and education". *Language Teaching*, 49 (1), pp. 1-34.

Tomasello, Michael (2009). *Why we cooperate*. Cambridge, Mass.: The MIT Press.

Trovato, Sara y Folchi, Anna (2022) *The social condition of Deaf people: The story of a woman and a hearing society*. Berlín: Gruyter / Ishara Press.

Vygotsky, Lev (1934). *Pensamiento y lenguaje.* Buenos Aires: La Pleyade.

Wilkinson, Erin y Morford, Jill P. (2020). "How bilingualism contributes to healthy development in Deaf children: A public health perspective". *Maternal and Child Health Journal.* https://doi.org/10.1007/s10995-020-02976-6

Yule, George (2006). "El lenguaje y el cerebro". En *El lenguaje*. Madrid: Akal, 2007, pp. 161-174.